人工智能教育应用探索

叶正旺◎著

吉林出版集团股份有限公司
全国百佳图书出版单位

图书在版编目（CIP）数据

人工智能教育应用探索 / 叶正旺著 . -- 长春：吉林出版集团股份有限公司, 2025.4. -- ISBN 978-7-5731-6530-5

Ⅰ . G40-057

中国国家版本馆 CIP 数据核字第 20258SP237 号

人工智能教育应用探索
RENGONG ZHINENG JIAOYU YINGYONG TANSUO

著　　者	叶正旺
责任编辑	李　娇
责任校对	李柏萱
封面设计	守正文化
开　　本	710mm×1000mm　　1/16
字　　数	232 千
印　　张	13.25
版　　次	2025 年 4 月第 1 版
印　　次	2025 年 4 月第 1 次印刷
印　　刷	天津和萱印刷有限公司

出　　版	吉林出版集团股份有限公司
发　　行	吉林出版集团股份有限公司
地　　址	吉林省长春市福祉大路 5788 号
邮　　编	130000
电　　话	0431-81629968
邮　　箱	11915286@qq.com
书　　号	ISBN 978-7-5731-6530-5
定　　价	86.00 元

版权所有　翻印必究

前 言

随着大数据应用的发展,以机器学习和深度学习为核心技术的人工智能已逐渐渗透到人类社会的各个领域,包括经济结构、生活方式和工作方式等方面。教育是社会发展与人类文明传承不可或缺的重要活动,亦不可避免地受到人工智能的影响和挑战。《教育信息化"十三五"规划》中强调,应坚持"融合创新"的工作理念,积极推进信息化在教育教学与管理中的应用。人工智能技术的引入,不仅有助于优化教育信息化的流程,更能显著提升其效能。通过改进学习环境、创新教学模式和评价方法,优化教育服务供给,人工智能将促进教学系统的全面变革,推动教育事业实现创新发展。

人工智能教育应用作为当前学术研究的热点与难点,已引起国内外学者的广泛关注。国外研究者在此领域起步较早,其研究成果主要聚焦于技术开发与应用方面,如智能辅导系统、论证评估系统以及交互性学习教育游戏等。此外,自然语言处理、智能代理、深度学习与机器学习等技术在近年来也受到研究者的高度关注。近年来,国内在宏观理论探索方面进展较快,并尝试将人工智能技术应用于智能校园、智慧课堂、游戏化学习、5G互联技术、在线教育及开放大学远程教育等实践领域。

本书一共分为五章:第一章为人工智能概述,主要介绍了人工智能的定义、人工智能的发展历程、人工智能与教育;第二章为人工智能教育应用的理论基础,主要介绍了建构主义学习理论、人本主义学习理论、多元智能理论、个性化学习、智能化学习、智慧教育环境;第三章为人工智能教育应用的实践研究,主要介绍了适应性反馈的角色分类和实现形式、智能教学系统的情绪感知和自动化测评、学习分析技术下的适应性学习、扩展现实支撑的沉浸式学习、人机协同教学推动实现智能教育；第四章为多学科视角下人工智能教育应用发展对策研究，主要介绍了管理学视角下人工智能教育应用发展对策、领导学视角下人工智能教育应用发展对策、传播学视角下人工智能教育应用发展对策、生态学视角下人工智能教育应用发展对策；第五章为人工智能教育应用面临的挑战与展望，主要介绍了人工智能教育面临的挑战、人工智能教育应用的展望。

在撰写本书的过程中，作者参考了大量的学术文献，得到了许多专家学者的帮助，在此表示真诚感谢。由于作者水平有限，书中难免有疏漏之处，希望广大读者与同行指正。

叶正旺

2024 年 2 月

目　录

第一章　人工智能概述……………………………………………1
第一节　人工智能的定义…………………………………………3
第二节　人工智能的发展历程……………………………………8
第三节　人工智能与教育…………………………………………18

第二章　人工智能教育应用的理论基础…………………………39
第一节　建构主义学习理论………………………………………41
第二节　人本主义学习理论………………………………………45
第三节　多元智能理论……………………………………………50
第四节　个性化学习………………………………………………55
第五节　智能化学习………………………………………………58
第六节　智慧教育环境……………………………………………63

第三章　人工智能教育应用的实践研究…………………………69
第一节　适应性反馈的角色分类和实现形式……………………71
第二节　智能教学系统的情绪感知和自动化测评………………77
第三节　学习分析技术下的适应性学习…………………………87
第四节　扩展现实支撑的沉浸式学习……………………………98
第五节　人机协同教学推动实现智能教育………………………109

第四章　多学科视角下人工智能教育应用发展对策研究…………123
　　第一节　管理学视角下人工智能教育应用发展对策…………125
　　第二节　领导学视角下人工智能教育应用发展对策…………134
　　第三节　传播学视角下人工智能教育应用发展对策…………145
　　第四节　生态学视角下人工智能教育应用发展对策…………152

第五章　人工智能教育应用面临的挑战与展望…………173
　　第一节　人工智能教育面临的挑战…………175
　　第二节　人工智能教育应用的展望…………184

参考文献…………203

第一章　人工智能概述

在当今世界新一轮科技革命和产业革命中，以物联网、云计算、互联网等为代表的信息技术，正悄然为人们提供全新的视角和思维模式，而其中人工智能更是进一步展现"龙头效应"，引领科技革命、产业革命和教育革命的融合，提升人们的生活体验。本章主要介绍了人工智能的定义、人工智能的发展历程、人工智能与教育。

第一节 人工智能的定义

对于人工智能我们并不陌生，它就在我们身边，比如智能搜索引擎、智能助手、机器翻译、自动化文本创作、图像识别、自动驾驶汽车以及各式各样的机器人服务等。它在我们生活中出现的频率较高，然而，仍有一部分人群可能未曾察觉这些技术背后是人工智能。一个标志性事件发生在 2016 年 3 月，AlphaGo（阿尔法围棋）在举世瞩目的围棋对决中，以压倒性的 4 胜 1 负战胜了世界冠军李世石。这激起了人们对人工智能的极大热情，一时间，似乎人人都在谈论人工智能。那么，到底什么是人工智能？关于人工智能的本质，尽管它时刻围绕在我们周围，其定义却如同流动的沙丘，随时间和视角的不同而变化。早期的一些定义因过于表面化，未能触及人工智能深层次的工作原理和理论基础，逐渐被学界淘汰。

直至今日，人工智能仍未有一个统一的且被所有人公认的定义，这反映出该领域的复杂性和多维度特性。实际上，根据讨论场景的不同以及关注点的差异，人们倾向于采纳不同的定义来阐释这一概念。在此背景下，我们可以概述三种当前广受认可或具有标志性的定义。

一、第一种定义

人工智能就是让计算机按照人类的思考方式和行为模式进行思考和行动。在人工智能发展的初期，有一种定义思路与人的直观思想匹配，其核心在于借鉴生物界的灵感，尤其是人类的智能表现，这是一种类似仿生学的直观思想。这种直观的理念基于这样的想法：既然称之为人工智能，最直接的途径莫过于让计算机系统模仿人类的智慧特质。这种仿生学式的思维方式，力求在数字世界中复刻人类的认知能力与思维过程，从而为技术的进步铺设了一条看似自然而然的道路。但历史经验证明，仿生学的思想在科技发展中并不一定可行。一个著名的例子就是飞机的发明。在几千年的时间里，人类一直梦想着按照鸟类扑打翅膀的方式飞上天空，但真正带着人类在长空翱翔，并打破了鸟类飞行速度、飞行高度纪录的是飞行原理与鸟类差别极大的固定翼飞机。

探究人类的思考方式是一项既涉及技术深度又富含哲学意味的复杂挑战。它要求我们深入剖析，既要通过哲学家的内省与理论推敲来揭示思维背后的逻辑结构，又要借助心理学家和生物学家的科学研究，观察分析人在思考过程中心理与生理层面的变化机制。这两种探索途径在人工智能的演进史上扮演着核心角色，共同推进了我们对智能本质的理解和技术的实现。

思维法则，或者说逻辑学，是一个人的思考过程是不是理性的最高判定标准。从古希腊的先贤们开始，形式逻辑、数理逻辑、语言逻辑、认知逻辑等分支在数千年的积累和发展过程中，总结出大量规律性的法则，并成功地为大多数科学研究提供了方法论。让计算机中的人工智能程序遵循逻辑学的基本规律进行运算、归纳或推演，是许多早期人工智能研究者的最大追求。

世界上第一个专家系统程序 Dendral 是一个成功地用人类专家知识和逻辑推理规则解决一个特定领域问题的例子。这是一个由斯坦福大学的研究者用 Lisp 语言写成的，帮助有机化学家根据物质光谱推断未知有机分子结构的程序。Dendral 项目在 20 世纪 60 年代中期取得了令人瞩目的成功，衍生出一大批根据物质光谱推断物质结构的智能程序。Dendral 之所以能在限定的领域解决问题，一是依赖于化学家积累的有关何种分子结构可能产生何种光谱的经验知识，二是依赖符合人类逻辑推理规律的大量判定规则。Dendral 的成功带动了专家系统在人工智能各相关领域的广泛应用，从机器翻译到语音识别，从军事决策到资源勘探。一时间，专家系统似乎就是人工智能的代名词，其热度不亚于今天的人工学习。

但是人们很快就发现了基于人类知识库和逻辑学规则构建人工智能系统的局限。一个解决特定的、狭小领域问题的专家系统很难被扩展到宽广的知识领域，更别提扩展到基于世界知识的日常生活中了。一个著名的例子是早期人们用语法规则与词汇对照表来实现机器翻译时的窘境。1957 年，在苏联发射世界上第一颗人造卫星后，美国政府和军方急于使用机器翻译系统了解苏联的科技状态，但用语法规则和词汇对照表实现的从俄语到英语的机器翻译系统笑话百出，曾把"心有余而力不足"翻译为"伏特加不错而肉都烂掉了"。完全无法处理自然语言中的歧义和丰富多样的表达方式。在后起的统计模型、深度学习等技术面前，专家系统缺少优势，因而从20世纪90年代开始就备受冷落。

另外，从心理学和生物学出发，科学家试图弄清楚人的大脑到底是怎样工作的，并希望按照大脑的工作原理构建计算机程序，实现"真正"的人工智能。这条道路上同样布满荆棘。最有代表性的例子，非神经网络莫属。

生物学家和心理学家很早就开始研究人类大脑的工作方式，其中最重要的一环，就是大脑神经元对信息（刺激）的处理和传播过程。早在通用电子计算机出现之前，科学家就已经提出了有关神经元处理信息的假想模型，即人类大脑中的数量庞大的神经元共同组成一个相互协作的网络结构，信息（刺激）通过若干层神经元的增强、衰减或屏蔽处理后，作为系统的输出信号，控制人体对环境刺激的反应（动作）。

20世纪50年代，早期人工智能研究者将神经网络用于模式识别，用计算机算法模拟神经元对输入信号的处理过程，并根据信号经过多层神经元后得到的输出结果对算法参数进行修正。

早期人工神经网络技术没有发展太久就陷入低谷。这主要有两个原因：一是当时的人工神经网络算法在处理某些特定问题时有先天局限，亟待理论突破；二是当时的计算机运算能力无法满足人工神经网络的需要。

20世纪70年代到80年代，人工神经网络的理论难题得到解决。

20世纪90年代开始，随着计算机运算能力的飞速发展，神经网络在人工智能领域重新变成研究热点。

2010年前后，支持深度神经网络的计算机集群才开始得到广泛应用，供深度学习系统训练使用的大规模数据集也越来越多。神经网络这一仿生学概念在人工智能的新一轮复兴中，扮演着至关重要的角色。

客观地说，神经网络到底在多大程度上精确反映人类大脑的工作方式，这仍然存在争议。在仿生学探索的征途中，最大的谜题在于我们尚未完全揭开大脑工作原理的神秘面纱，尤其是学习、记忆、归纳、推理等高级思维活动的具体机制。精准模拟人脑，才能成功构建出能与人类智慧相媲美的智能装置。

二、第二种定义

人工智能就是让计算机完成以往只有人才能做的智能工作。也就是说，不论机器采用何种内部机制来达成特定功能，只要它在相应的场景下展现出与人类行为高度相似的表现，我们就可以断定，该机器在这一领域能够展示出人工智能的特征。

与着重于过程的第一种定义相反，这一视角聚焦于最终成效与人类行为的逼真度匹配上，体现出一种强调实效的哲学——其核心在于利用技术复制人类智慧的关键方面，从而使机器能完成那些传统上依赖人类智能完成的高难度任务。著名的图灵测试是这一思想的先驱。

1950年10月，英国数学家图灵发表了一篇名为《计算机械和智能》的论文，试图探讨到底什么是人工智能。在文章中，图灵提出了一个有趣的实验：

假定一台计算机声称具备"思考"能力，如何验证其真实性？一个经典测试是实施"图灵测试"，即让评判者与计算机在隔离的环境中，仅通过文本交流互动，若评判者无法准确判断交流对象是人还是机器，即可视作这台计算机展示了人工智能的特性。

时至今日，这种务实的评估观念依旧具有深远影响。举例来说，现今的深度学习技术在处理诸如机器翻译、语音识别及主题分析等自然语言任务时，采取了一种简化而高效的方法：将文本分解为基本的语言单元，如音素、音节、词汇等，并将这些单元输入深度神经网络进行模型训练。尽管网络内部各层产生的信号极其复杂，甚至超出了设计者的直接理解范畴，但这并不妨碍模型发挥作用——只要最终输出符合预期，模型就被视为有效。对于研究者而言，深度学习机制是否严格模拟人脑处理语言的过程并不是关键，核心在于模型能够高效、准确地完成任务，其表现堪比人类智能。

值得注意的是，随着时间推移和技术发展，人工智能的界定标准与追求目标也在持续进化。一方面，技术在原有基础上不断取得突破；另一方面，目标也转向更高层次、更具挑战性的领域。例如，曾经依赖人类智能进行的复杂科学与工程计算，计算机现在不仅能胜任，还能实现超越人脑的速度与精确度，但这类任务已不再被视为典型意义上的人工智能成就，人们期待着 AI（人工智能）在更接近人类智慧的领域展现出新的能力。

三、第三种定义

将人工智能简括为"能够学习的计算机系统"，这一表述或许难以满足追求精准的完美主义者，因为它近乎直接地将人工智能与机器学习的概念相融合。这恰恰反映了在现阶段人工智能热潮中，多数人的普遍认知现状。毕竟，在技术革新中，深度学习凭借其卓越性能，几乎引领了人工智能技术前沿的所有主流发展趋势，自然而然地，人们心目中的 AI 形象也就被深深地打上了"学习"与"适应"的烙印。

20 世纪 80 年代到 90 年代，人们还在专家系统和统计模型之间摇摆不定，机器学习固守着自己在数据挖掘领域的牢固阵地远远观望。从 2000 年至 2010 年，机器学习开始爆发出惊人的威力，并最早在计算机视觉领域实现了惊人的突破。2010 年至今，使用深度学习模型的图像算法在 ImageNet 竞赛中显著降低了对象识别、定位的错误率。2015 年，ImageNet 竞赛中领先的算法已经达到了比人眼更高的识别准确率。在同一年，语音识别依靠深度学习获得了大约 49% 的性能提升。机器翻译、机器写作等领域也在同一时期逐渐被深度学习渗透，并由此获得了大幅改进。

"无学习，不 AI"成为研究领域的普遍共识。许多专业人士倾向于自称为机器学习专家，这反映了他们对这一分支的重视。标志性案例如谷歌的 AlphaGo，正是通过消化海量专业棋局并进行自我博弈以不断学习进步，最终站上了超越人类冠军的巅峰。微软小冰的生动对话能力，归功于其对互联网流行语言的广泛学习。媒体频繁报道的人工智能应用典范，大都建立在深度学习的坚实基础上，它们通过分析巨量数据自我习得知识模式，这一过程恰似人类在成长中持续学习、积累智慧的映射。

人类智慧的本质在于不断地学习与成长，从这一角度看，现今最先进的人工智能体系通过大数据训练模型的方式，正是对人类学习历程的高度模拟。若人工智能有望在未来达到或超越人类智能，那么，作为核心技术驱动力，机器学习的地位不言而喻。

不过，现有机器学习模式与人类学习方式之间仍存在显著差异。以计算机视觉为例，经过百万张图片的训练，机器能准确辨认自行车，但这一过程相比孩童仅需少量实例就能灵活识别不同样式自行车的能力，仍显得更为机械和低效。这表明，尽管人工智能在模仿人类学习路径上取得了长足进步，但在学习效率与灵活性方面，仍需向人类智慧的高效性与直观性进一步靠拢。面对纷繁复杂的世界，人类可以用自己卓越的抽象能力，仅凭少数个例，就归纳出一些规则、原理，甚至更高层次上的思维模式、哲学内涵等。最近，虽然研究者提出了迁移学习等新的解决方案，但从总体上说，计算机的学习水平还远远达不到人类的境界。若将人工智能视作具备学习能力的系统，未来的研发重点将集中于提升其在学习过程中模仿人类的抽象思维和归纳能力，使之更加接近人类的智慧水平。

第二节 人工智能的发展历程

在人工智能诞生初期，它的灵感最早来自人类行为以及人类智能。在其诞生后的几十年里，吸引了大量的科研人员进入该领域并对其进行研究。

一、人工智能发展的五个阶段

20世纪50年代至今，人工智能几十年间的发展历程可谓跌宕起伏，充满了故事性。下面将人工智能的发展历程分为五个阶段进行分析：

（一）人工智能的初春

1956年，达特茅斯会议的顺利结束代表着人工智能时代的开启，这是一次具有历史意义的重要会议，标志着人工智能作为一门新兴学科正式诞生了。此后，美国形成了多个人工智能研究组织，如纽尔和西蒙的Carnegie-RAND协作组、明斯基和麦卡锡的 MIT 研究组、塞缪尔的 IBM（international business machines corporation）工程研究组等。对于人类来说，这一阶段开发出来的程序可以用惊艳来描述，计算机可以解决代数应用题、证明几何定理、学习和使用英语。因此，自这次会议之后的十多年间，人工智能的研究在机器学习、定理证明、模式识别、问题求解、专家系统及人工智能语言等方面都产生了巨大影响，并取得了许多引人瞩目的成就。

1961 年，伦纳德和查理斯发表了题目为 *A Pattern Recognition Program That Generates, Evaluates and Adjusts its Own Operators*（《一种能够生成、评估并调整自身操作符的模式识别程序》）的文章，该文描述了一种在模式识别程序设计中利用机器学习或自组织过程的方法。

1966 年，麻省理工学院约瑟夫在 ACM（Association for Computing Machinery，美国计算机协会）上发表了一篇论文，题为 *ELIZA: a computer program for the study of natural language communication between man and machine*（《一种用于研究人机之间自然语言交流的计算机程序》）。该文阐述了 ELIZA 程序的设计与功能，此程序成功实现了人与计算机之间某种程度的自然语言交互，标志着在人机沟通领域的一项重要探索。约瑟夫开发了最早的聊天机器人 ELIZA，被应用于临床治疗中模仿心理医生。

1968 年，爱德华·费根鲍姆推出了首个名为 DENDRAL 的专家系统，这一创举不仅为知识库的概念奠定了基础，也预示着人工智能领域的第二次重大发展浪潮即将到来。DENDRAL 系统内置了深厚的化学专业知识，能够利用质谱数据分析辅助化学研究人员精准推定分子的构成，展现了人工智能在特定领域辅助决策的强大潜力。这个系统的完成标志着专家系统的诞生。1975 年，布坎南等人在文章 *A model of inexact reasoning in medicine*（《医学中不精确推理的一种模型》）中提出了一个针对医学科学的量化方案，试图模拟医学专家的推理过程。这个系统名为 MYCIN，是一个临床咨询程序。它可以辅助医生进行诊断决策，是第一个医学方向的专家系统。在之后的几年里，人工智能的萌芽阶段，一系列开创性的成就提高了公众及科研人员对这一领域的期待，激励他们探索更为艰巨的科研课题，并设立了若干近乎乌托邦式的研究愿景。不过，由于遭遇了一系列挫折，包括诸如机器无法证明数学上两个连续函数之和还是连续函数，以及机器翻译时常产生的误解与笑柄等问题，人工智能的研究热情逐渐消退，步入了一个停滞不前的艰难时期。

（二）人工智能的初秋

20世纪70年代之所以见证了人工智能领域的一大飞跃，是因为它成功跨越了从纯理论探索到实践应用的鸿沟，并实现了从通用推理技巧的讨论到专注于特定领域知识应用的转型。这一重大突破主要归功于"专家系统"的诞生，这些系统通过模仿行业专家的智慧和实践经验，在诸如医疗、化学及地质等多个领域内解决了实际问题，促成了人工智能技术的实际应用新浪潮。

1975年，马文在论文 *A Framework for Representing Knowledge*（《知识表征框架》）中提出框架理论，用于人工智能中的"知识表示"。这个框架理论，除了数据结构上有单纯的一面，在概念上也相对复杂。它是针对人们在理解事物情景或某一事件时的心理学模型。

视觉计算理论在1976年由马尔明确提出，奠定了计算视觉领域的基础，它包含计算机视觉和计算神经学两个领域。

1976年，兰德尔在斯坦福大学获得人工智能博士学位，并发表文章 *Applications of Meta Level Knowledge to the Construction, Maintenance and Use of Large Knowledge Bases*（《元知识在大型知识库构建、维护与使用中的应用》），此文提出：使用集成的面向对象模型是提高知识库（Knowledge Base，KB）开发、维护和使用的完整性的解决方案。共享对象增加了模型之间的跟踪能力，增强了半自动开发和维护功能。抽象模型是在知识库构造过程中创建的，推理则是在模型初始化过程中执行的。但在这一阶段，人们对人工智能的关注和热情显著减退，导致该领域步入了一个持续近十年的缓慢发展时期。

（三）人工智能的寒冬

从20世纪80年代到90年代中期，人工智能领域经历了一段被称为"寒冬"

的时期。

尽管在这一时期取得了一些成功，但是人工智能的研究成果仅局限于解决基本问题。科学家想要对其做更深入的研究，需要付出精力，具备一定的计算能力。

1976年，世界上最快的超级计算机的执行速度是每秒执行大约1亿次指令。相比当时的研究，即便人类视网膜上的边缘匹配和运动检测能力，也需要一台计算机以10倍的速度执行这样的指令。同样人类有将近860亿个神经元和1万亿个突触，使用其中的数据进行基本计算表明，创建一个这种规模的感知器需要花费1.6万亿美金。

后来，由于科学家不明白人类大脑的功能，尤其是对创造力、推理和幽默背后的神经机制不了解，对机器学习程序应该模仿什么缺乏依据，人工智能理论的发展受到了阻力。这些科学家发现自己严重低估了想要研发一台可以模仿游戏的人工智能电脑的困难程度。

在这段时间和随后的几年里，由于害怕被人说是狂热的梦想家，一些计算机科学家和软件工程师们都会避免去使用人工智能方面的名词。

（四）人工智能的复苏

从1995年至2010年，人工智能领域经历了复兴的关键阶段，互联网技术的迅速发展极大地促进了AI创新研究，推动相关技术更深入地融入实际应用。标志性事件包括1997年IBM的深蓝超级电脑历史性地战胜国际象棋世界冠军卡斯帕罗夫，以及IBM在2008年提出的旨在促进全球智能化的"智慧地球"倡议。

1995年，科琳娜和弗拉基米尔首次提出支持向量机（support vector machine）的概念，这一算法在处理小数据集、非线性分类和高维度数据模式识别中显现出了独特高效性，并且其应用范畴扩展到了函数估计等多种机器学习挑战中。

1997年5月11日，举世瞩目的人机大战在经过6场拼杀后终于分出胜负。IBM深蓝（deep blue）最终以3.5：2.5战胜了国际象棋大师加里·卡斯帕罗夫（Garry Kasparov），成为总奖金额110万美元的纽约国际象棋人机赛的赢家，成为首台打败了国际象棋世界冠军的电脑。IBM 公司表示，无论结果如何，最后的赢家都是人类，因为深蓝的背后仍旧是人类为国际象棋对弈而设计的代码规则。

1998 年，蒂姆·伯纳斯-李提出了"语义网"的构想，旨在通过在网页（如HTML 文档）中嵌入计算机可解读的元数据，增强信息的含义表达，使互联网演变成一个高度互通的信息交换平台。简而言之，"语义"意在深化数据的内涵，使之能被机器理解；"网"寓意着这些富含意义的数据点相互连接，组成一个庞大的信息网络，正如互联网中相互链接的网页，只不过基本单位变为粒度更小的数据。

2001 年，约翰提出了条件随机场（Conditional Random Fields，CRF）模型，这一模型建立在最大熵模型与隐马尔可夫模型的基础之上，专为无向图结构设计，是一种强大的条件概率模型，擅长处理序列数据的标注与分割任务，在许多自然语言处理任务中（如分词、命名实体识别等）表现尤为出色。CRF 在自然语言处理的多个场景，如词语切分和命名实体识别中显示出了卓越性能，并逐渐扩展至生物信息学、机器视觉及网络智能等多个研究领域。

2003 年，戴维、安德鲁和迈克尔共同推出了 LDA（潜在狄利克雷分配），这是一种无须人工标注的机器学习技术，专门用来发掘大规模文档集合中的隐藏主题结构。LDA 通过概率分布的形式，揭示每篇文档涉及的主题范围，不仅能对文档进行主题聚类，还能根据这些主题分布进行文本分类，极大地促进了对海量文献或语料库内容的深入理解和组织。

2005 年，波士顿动力公司推出一款四足机器人——bigdog，它被人们亲切地称为"大狗"。这款四足机器人使波士顿动力公司名声大噪。

（五）人工智能的爆发

2010 年至今，得益于大数据、云计算、互联网及物联网技术的蓬勃兴起，加之无处不在的感知数据收集与高性能图形处理器等计算资源的支撑，人工智能技术，尤其是深度神经网络，经历了前所未有的迅猛发展。这一系列技术革新成功缩小了科研理论与实际应用之间的差距，跨越了长久以来的技术障碍。在图像识别、语音解析、知识问答、智能博弈、自动驾驶等领域的技术瓶颈，实现了从"不能用、不好用"到"可以用"的技术突破，标志着人工智能进入了应用爆发期，迎来了一个前所未有的广泛应用和快速进步的新纪元。

2010年，杨强等人发表文章 *A survey on Transfer Learning*（《迁移学习研究综述》），详细介绍了迁移学习的分类问题。文章指出，迁移学习的场景可分为三类：归纳式迁移、直推式迁移和无监督迁移。迁移学习是机器学习的一个重要分支，是指利用数据、任务或模型之间的相似性，将在原来领域学习过的模型应用于新领域的一种学习过程。

谷歌公司的自动驾驶技术开发始于2009年1月17日，一直在实验室中秘密进行。2010年10月9日，在《纽约时报》透露其存在之后，谷歌公司正式宣布了自动驾驶汽车计划。该项目由斯坦福大学人工智能实验室（Stanford Artificial Intelligence Laboratory，SAIL）的前负责人Sebastian Thrun、510系统公司和安东尼机器人公司的创始人Anthony Levandowski联合发起。2016年12月，该部门从谷歌公司独立出来，更名为Waymo。

2011年，IBM在研发的"DeepQA"（深度开放域问答系统工程）的技术之上开发出了沃森（Watson）。沃森参与Jeopardy（一款养成休闲游戏）比赛，与Brad Rutte、Ken Jennings（肯·詹宁斯）两人竞争，最终赢得了胜利，并赢得了100万美元的冠军奖金。沃森是一个能够回答自然语言提出的问题的问答计算机系统，主要由研究员费鲁奇博士领导的研究小组在IBM的DeepQA项目中开发出来。沃森以IBM的创始人兼第一任首席执行官Thomas J.Watson的名字命名。谷歌知识图谱（Google knowledge graph）是Google的一个知识库，其使用语义检索从多种来源收集信息，以提高Google搜索的质量。知识图谱于2012年加入Google搜索，于2012年5月16日正式发布。

Alex Net是一种卷积神经网络（Convolutional Neural Networks，CNN），由亚历克斯设计。Alex Net参加了2012年9月30日举行的Image Net大规模视觉识别挑战赛，达到最低的15.3%的Top5错误率，比第二名低10.8%，至此一战成名。原论文的主要结论是，模型的深度对提高性能至关重要，Alex Net的计算成本很高，但因在训练过程中使用了图形处理器（Graphics Processing Unit，GPU）而使计算具有可行性。2013 年，VAE（Variational Auto Encoder）由德克和马斯在文章 *Auto-Encoding Variational Bayes*（《自动编码变分贝叶斯方法》）中正式提出。VAE 也称为变分自编码器，属于自动编码器的变体。与经典（稀疏、去噪等）自动编码器不同，变分自动编码器（VAE）是生成模型，如生成对抗网络。文章重点解决存在于具有难解的后验分布的连续潜在变量和大型数据集的情况下，如何能在定向概率模型中进行有效的推理和学习。他们引入了一种随机变分推理和学习算法，该算法可以扩展到大型数据集。

在 2013 年，谷歌推出了 Word2Vec 这一用于训练词向量的软件工具。Word2Vec 利用优化的算法框架，高效地将词汇转化为高维空间中的向量，极大地促进了自然语言处理技术的进步和新应用的开发。Word2Vec 由托马斯带领的团队创造，在文章 *Efficient Estimation of Word Representations in Vector Space*（《向量空间中词表征的高效估计》）中公布了研究细节。

2014 年，伊恩·古德费洛等研究者引入了一种革命性的机器学习模型——生成对抗网络（GAN）。这是一种非监督学习技术，其核心思想构建在两个神经网络的动态博弈上。该系统包含两部分：创造者般的生成网络和鉴定者似的判别网络。生成网络从潜在空间中随机取样进行输入，其输出结果需要尽量模仿训练集中的真实样本，要尽可能地欺骗判别网络；判别网络则需学会区分真实的训练样本与生成网络制造的"假货"。这两个网络在持续的对抗中迭代优化，目标是使判别网络无法准确区分真实数据与生成数据。

2014 年，针对神经网络容易过拟合的问题，尼基尔和杰弗里等人完整地对随机失活进行了描述，并证明了比当时使用的其他正则化方法有了重大改进。实证结果显示，随机失活在许多基准数据集上获得了优秀的结果。在优化深度架构的人工神经网络时，随机失活是一种策略，它通过在训练阶段随机将隐藏层中的一部分权重或输出归零，减少节点间的相互依赖，以此作为正则化手段，降低模型的结构复杂性风险。

2015 年，学术界迎来了一项重要突破，杰弗里·E. 辛顿与他的学生鲁斯兰·萨拉赫胡季诺夫在顶级期刊《自然》上发表的论文，详尽阐述了如何应对"梯度消失"这一挑战。他们的解决方案涉及要先利用无监督学习逐层预训练模型，随后借助有监督的反向传播方法进行微调，这一深度学习策略的提出，被视为解决深度网络训练难题的重要里程碑。这篇论文在学术社群中激起了巨大波澜，促使诸如斯坦福大学、多伦多大学等一众国际知名高等学府加大对深度学习研究的投入，不仅集结了大量研究人员，还倾注了可观的资金支持，共同推动这一领域的深入探索和发展。

残差网络（ResNet）是由来自微软研究院的4位学者（Kaiming He，Xiangyu Zhang，Shaoqing Ren，Jian Sun）提出的一种卷积神经网络，在2015年的ImageNet大规模视觉识别竞赛（ImageNet Large Scale Visual Recognition Challenge，ILSVRC）中获得了图像分类和物体识别类别的优胜。残差网络的特点是容易优化，并且能够通过增加深度来提高准确率。其内部的残差块使用了跳跃连接，缓解了在深度神经网络中增加深度带来的梯度消失问题。

TensorFlow是一个基于数据流编程模型的先进数学工具包，它在机器学习算法的实现领域扮演着核心角色，它起源于谷歌的DistBelief（贝叶斯距离）神经网络算法库。自2015年11月9日以来，该项目遵循Apache 2.0开源许可协议，向全球开发者开放源代码。其设计具有高度灵活性，支持跨多种平台的部署，包括服务器、个人电脑和互联网应用，并优化了GPU和TPU（Tensor Processing Unit，张量处理单元）的高性能计算能力，广泛服务于谷歌内外的创新项目和科学研究，背后的支持者则是谷歌的顶尖人工智能团队——谷歌大脑。

与此同时，OpenAI（美国开放人工智能研究中心）作为一家由科技界领袖联手创办的非营利组织，自2015年起便致力于探索人工智能的正面影响并规避潜在风险。该组织的愿景聚焦于通用人工智能（Artificial General Intelligence，AGI）的发展，这是一种假想中的超智能系统，能够在多数经济活动中超越人类。OpenAI不仅追求构建安全且符合公众利益的AGI，还致力于与业界伙伴合作，共同促进这一技术的健康发展，以惠及全人类。

在人形机器人技术的前沿，2016年3月，机器人设计师戴维·汉森展示了高度仿真的机器人Sophia（索菲亚），其外貌、表情乃至社交互动能力都逼近真实人类。Sophia 装备有先进的面部识别技术，能够维持眼神交流，其独特的 Frubber 皮肤覆盖下的精密机械结构使其能展现丰富的情感表达。更重要的是，Sophia 能够理解并回应人类语言，记忆过往的互动经历，随着时间积累不断学习成长，目标直指具备与人类相当的意识、创造力及全面能力。正如汉森所言，Sophia 正朝着成为真正意义上的人工智能生命体迈进。

2019 年，人工智能技术开始进入各行各业，人工智能的应用场景和成果接连不断地出现。

例如，谷歌量子霸权论文正式登上期刊《自然》，阿里推出 AI 芯片——含光 800，AI 换脸和 AI "人脸识别"协助警方等。这些大事件都表明人工智能技术已经越来越"接地气"，进入人们的生活中，而不是停留在研究和实验当中。人工智能也被正式列入我国新增审批本科专业名单。

2020 年，人工智能被赋予了更多的期待和重任。它在信息收集、数据汇总及实时更新、流行病调查、疫苗药物研发、新型基础设施建设等领域大显身手。与此同时，随着新技术新业态的不断涌现，人工智能凝聚全球智慧、助力全球经济复苏的力量更加凸显。

2023 年，世界人工智能盛会在上海的世博中心盛大开启，围绕着"智联世界，生成未来"的核心议题展开。此次活动不仅是思想交流的盛宴，涵盖了科学最前沿的探讨与产业发展的全面会议，还包括一系列专题讨论论坛，汇聚了各界智慧。此外，展会的一大亮点在于超过 400 家企业齐聚一堂，在占地 5 万平方米的世博展览馆内，展示了他们在大模型开发、尖端芯片技术、先进机器人系统、智能自动驾驶等多个领域的最新科技成果，生动展现了人工智能技术的广阔应用前景与无限潜力。

二、人工智能的流派

在人工智能学科几十年的发展历史中，不同学科、不同背景的学者都对其提出过自己的看法，并产生了不同的学术流派，其中有一些学派对人工智能的影响较大，如符号主义、连接主义和行为主义，也因为这些流派的存在使人工智能不断发展壮大。

（一）符号主义

符号主义学派认为人工智能来自数学逻辑，人类的认知和思想的基本单元是符号，这些符号构成了思维的基石，而人类的认知活动实质上是对这些符号进行的一系列操作。符号主义理论尝试捕捉并转化这些认知符号为计算机可理解的语言，借此途径在数字世界里复现人类的思维模式，推动人工智能的进步。

符号主义的发展经历了两个阶段：20世纪的50年代至70年代是推理期，这个时期人们以符号为基础进行演绎推理，取得很好的进展；20世纪70年代以后是知识期，这个时期人们以符号为基础并利用领域知识在建立专家系统上取得了很大的成绩。

（二）连接主义

连接主义学派深受生物神经系统的启发，它模仿大脑中神经元的工作原理，设计出名为感知机的基本计算单位，作为构建人工神经网络的基石。通过多层感知机构建复杂网络，这一方法侧重于揭示智能行为是源自众多基本单元间密集且并发的交互作用。该学派依据神经科学和认知科学研究的实证，将智能视为大脑高级功能的产物，主张通过针对具体问题定制的神经网络模型，辅以持续的数据训练及调整内部连接强度，来逼近真实智能的表现。

20世纪中期，尤其是60年代到70年代，以感知机为标志的脑模型研究风靡一时，但因受限于当时的理论框架、生物学理解的局限及技术条件，这一领域随后进入了近十年的沉寂期。转折点出现在1982年和1984年，霍普菲尔德教授的开创性工作展示了利用硬件实现神经网络模拟的可能性，为连接主义注入了新的活力。随后，1986年鲁梅尔哈特及其团队提出的反向传播算法（BP算法）在多层神经网络中的应用，进一步加速了这一领域的发展，使神经网络的训练效率和性能得到了显著提升，标志着连接主义的复兴与飞跃。21世纪后，连接主义卷土重来，提出了"深度学习"的概念。

（三）行为主义

行为主义是一种行为智能模拟方法，主要基于"感知—行动"。行为主义派认为，强调关注和分析生物体如何通过一系列身体反应来适应环境的多样化需求，其根本目的是预测及指导这些行为模式。行为主义在20世纪末以人工智能新学派的身份出现在人们视野的，吸引了许多人。该领域内的一个标志性成果是布鲁克斯设计的六足行走机器人，这个作品堪称"控制论动物"新时代的开山之作，其设计理念围绕"感知—行动"这一核心循环构建，成功模拟了昆虫的行为控制系统，展现了行为主义理念在工程实践中的生动应用。

第三节 人工智能与教育

人工智能，作为一门致力于通过计算机系统复制与增强人类智能表现的科学，不仅触及理论、策略与工具的核心层面，也深刻地改写了我们的生产习惯与生活方式，对各行各业的发展轨迹产生了重大影响。在教育这个领域，人工智能技术的渗透日益加深，正引领一场教学模式的深刻革命。2017年7月，《新一代人工智能发展规划》发布，着重强调了人工智能技术是教育革新不可或缺的角色，并为两者深度整合描绘出清晰路径。在2018年的政府工作报告中，再次强调加强新一代人工智能的研发与应用实践，旨在促进教育、文体等行业智能化转型，加速推进社会生活全面智能化的发展。

随着人工智能与教育的深度融合，现代教育正迅速向智能化方向迈进。2019年5月，中国政府与联合国教科文组织在北京共同举办了国际人工智能与教育大会。大会的主题为"在人工智能时代规划教育的未来：引领与跨越"。此次会议吸引了来自全球100多个国家及十多个国际组织的500位代表，共同讨论智能时代教育的发展策略。会议最终形成并通过了关键文件《北京共识——人工智能与教育》。文件强调，要利用人工智能平台和基于数据的学习分析技术，构建一个综合的终身学习体系，促进全民优质教育的发展。

人工智能技术不断影响教与学的过程，并在多个方面对教育产生重大影响和起到重要作用。

一、人工智能赋能教学和教师

人工智能为支持教师课堂教学、履行教学职责提供了有益的帮助（联合国教科文组织，2019）。随着人工智能技术的发展，越来越多的人工智能工具被应用于教育领域，成为教师教学和学生学习的得力助手。例如，教育机器人可以帮助教师完成一些课堂辅助性或重复性的工作，如点名、布置作业、批改作业、出卷、阅卷、学情分析等，还可以帮助教师收集、整理资料，辅助教师备课和进行科研活动等，有效减轻教师负担，提高工作效率。让教师可以将主要精力集中在改革教学方法、创新教育内容、促进学生思维发展等关键问题上。

当前，随着个性化学习越来越受重视，实现个性化学习成为教育领域追求的终极目标。要想做到因材施教，需要对每一个学生的学习行为和学习效果进行深入分析。借助人工智能技术，教师可以利用学生学习过程中产生的大数据，更加精细、精准地了解学生的学习特点、个性和学习需求。例如，基于学习分析技术，教师可以根据学生以往的成绩和课堂反馈适时调整教学内容，依据学生不同的学习水平和课堂表现，给学生布置适合学生自身学习水平的差异化作业，实现真正的个性化学习。借助人工智能技术与学习分析技术，教师还可以进行实时学情分析，及时发现学生存在的问题，自动提供学习诊断报告。教师根据学习诊断报告发现困扰学生的关键问题，把注意力集中在对学习过程的干预与辅导中。人工智能为每个学生提供个性化、定制化的学习内容成为可能，并能够辅助教师有效激发学生更深层次的学习欲望。人工智能还能促进教育资源的均衡化，有效解决以往远程教学中存在的师生不能进行有效互动和教师不了解学生学情的问题。

需要注意的是，教师并不能被人工智能技术完全取代，人机协同是智能时代的发展趋势。虽然在教学领域的部分功能上，人工智能已经取得了巨大成功，但是教育的本质是教书育人，从机器和人的区别来看，教师不仅是传授知识，更重要的是通过情感投入和合理引导，赋予学生创造性的思维和自主学习的能力，帮助学生成为不可被替代的自主、自立和自由的有能力的人。因而在智能时代，教师的角色发生了变化，从知识的传授者变为知识的领路人，学习的陪伴者、对话者和促进者。确保教师和学生之间的人际互动和协作成为教育的核心。

人机协同不仅改变了教学环境和教师的工作方式，对教师的能力也提出了新要求。教师要学会基本的人工智能知识和原理，学会利用人工智能工具和平台进行学习，提升自己的专业知识、教学知识和能力；尝试利用人工智能技术开展教学活动，使人工智能在教育教学活动中真正发挥作用。鉴于未来教育所需的全新能力构造，强化教师在其职业生涯各阶段的培训变得尤为重要。重点应放在提升教师对人工智能技术的认知，以及如何在新的教育生态中重新定位教师角色，理解不断演变的教学场景，和掌握适应性的工作方法上。

二、人工智能促进学习和学习评价

随着人工智能深度学习技术的发展，教育技术正在出现第六种范式——机器自主学习。人工智能打破了教育的知识传播平衡，由"以教师为中心"转变为"以学生为中心"。我们引入虚拟导师、虚拟学习伙伴、虚拟团队协作成员以及虚拟班级同伴等概念，实际上是在扩展、增强并辅助人类的智能，从根本上变革学习者彼此之间以及学习者与学习环境之间的互动模式，进而深层次地重构整个学习生态系统。

基于人工智能技术的自适应智能系统能够实时跟踪、记录学生的学习过程，通过学习中产生的过程数据，分析学生的学习情况，了解其学习特点、学习兴趣和学习习惯，并据此为每一位学生选择合适的学习资源，制定个性化的学习方案。研究指出，智能自适应系统还应在能为学生提供有针对性、即时性的学习计划的同时，对学习者的学习表现和问题解决的情况进行评价和反馈，并提出相应的建议。

人工智能技术使学生可以依据个性化需求来获取和使用教育资源。例如，根据学习者的学习需求和个人偏好向其推送学习资源或信息，满足其个性化学习的需要；根据学习者的知识基础、学习偏好和学习目标，按需推送学习活动；根据学习者当前的学习状态和需要，适时提供学习指导、答疑解惑；根据学习者的学习过程和学习行为的记录，适时推送学习者需要的认知工具。

人工智能技术和互联网技术使学习的场地由课堂内拓展到课堂外，学习者获得辅导和帮助的方式也更加多样化。学生除了可以从教师那里获得学习的支持，还可以从自适应的学习系统中获得学习反馈，了解自己的弱项和不足，及时调整学习计划。现有研究已经认识到人工智能在支持学习和学习评价潜能方面的发展趋势。应用已有的人工智能教学工具或开发新的人工智能教学系统，能够支持面向学生的动态适应性学习过程，并深度发掘教育大数据的潜能，开展基于学生综合能力的多维度评价和大规模远程评价。

三、人工智能促进教育管理和决策

基于人工智能技术的学习平台和学习系统能够收集教师的教学活动数据和学生的学习活动数据，通过对这些教育数据的深度挖掘，可以发现问题和规律，为教育管理者进行决策提供依据，使教育管理更加科学、精准。人工智能和大数据技术能够深入探究并模拟学校招生、就业市场对接、教育资源配置等教育体系内部各环节的相互作用及其发展动向，为国家级教育政策、校务治理结构以及教学方法的革新提供了科学的改革策略与数据驱动的决策支持。管理者应该考虑整合或开发合适的人工智能技术和工具对教育管理信息系统（EMIS）进行升级换代，以加强数据收集和处理，使教育的管理和供给更加公平、包容、开放和个性化。

同时，管理者应考虑在不同学习机构和学习场景中引入能通过人工智能技术实现的新教育和培训供给模式，为学生、教职人员提供一个能感知学习情境、识别学习者特征、自动记录学习行为、自动评价学习效果、提供个性化的学习资源的方便有效的交互方式，搭建学生有效学习的智慧学习环境，促进学生轻松投入和有效进行学习。

人工智能技术能改变教育服务的面貌，催生出更加智慧化、个性化、多元化和综合性的服务供给新模式。通过跨学校、区域乃至国家和全球层级的教育数据集成与深度分析，AI 助力构建起全新的教育人才培养体系，有效提升教育资源的配置效率与质量，从而根本性地改善教育服务的总体供给状况。

四、人工智能教育应用中的重要技术

（一）Web 技术

1991 年 8 月 6 日，英国人蒂姆·伯纳斯－李在 alt.hypertext 新闻组发布了一份关于万维网（World Wide Web）的简单摘要，标志着 Web 页面在 Internet 上的首次登场。互联网是指通过 TCP/IP（Transmission Control Protocol/Internet Protocol，传输控制协议/网际协议）协议族互相连接在一起的计算机网络，而 Web 是运行在互联网上的一个超大规模的分布式系统。Web 通过超文本标记语言（HTML）描述信息资源，通过统一资源标识符（URI）定位信息资源，通过超文本转移协议（HTTP）请求信息资源。HTML、URL 和 HTTP 三个规范构成了 Web 的核心体系结构，是支撑着 Web 运行的基石。程序员开发的 Web 应用本质上是可以提供信息或者功能的 Web 资源，成为 Web 这个全球超大规模分布式系统中的一部分。

智能教育需要提供高度定制的用户体验的智能 Web 应用程序。这对于 Web 开发人员来说是一项具有挑战性的工作，因为 Web 开发的传统方法不能解决这个问题。因此，使用人工智能和相关工具可以更好地解决问题。这里提出五种方法：

1. 用自学习算法重新定义 Web 编码

可以用人工智能程序执行各种 Web 基本任务，如向数据库添加记录、更新记录、预测哪些代码最有可能被用于解决问题，利用这些预测提示 Web 开发人员采用特定的解决方案。因此，开发人员可以使用人工智能技术构建更智能的应用程序和机器人。

2. 通过使用人工智能虚拟助理简化 Web 开发

对于 Web 开发人员来说，设计网页的基本布局和模板是一项乏味的工作。为了简化这些任务，虚拟助理等 AI 工具可以在简化整个设计和 Web 开发过程中提供帮助。通过询问用户问题并提取答案的内容，AI虚拟助理将创建个性化内容，并将该用户所需的品牌、设计、布局和内容精确地结合在一起。因此，借助AI虚拟助理，Web开发人员只需要专注于培训机器，并使其像设计师一样思考和行动。

3. 利用网络分析技术实现人工智能SEO（Search Engine Optimization，搜索引擎优化）

通过对AI支持的数据的分析和挖掘，程序员可以最大化网站的元数据以及用户生成的其他数据，并使元数据的效用最大化。使用人工智能技术构建的预测引擎可以产生一些想法，可以指出开发人员在网站架构中存在的违规行为，或者从SEO的角度突出显示不良内容。使用这些想法，AI可以列出更好的方法来设计网站和开发与目标受众连接的网络内容。

4. 复杂需求收集和分析自动化

通过使用语音助手或人工智能聊天机器人，程序员可以自动完成收集客户需求和最终用户故事的过程，无须任何人为干预。程序员还可以准备详细的收集数据描述，并可以使用各种数据提取工具，以产生想法，推动网页设计和开发策略。通过精心构建的系统可以实现这一点，该系统使用人工视觉、NLP（Natural Language Processing，自然语言处理）、机器学习、算法和图像识别工具等。

5. 提供人工智能Web开发的高级终端用户体验

带有AI提要的聊天机器人可以将客户的关心和交互提升到更高的水平。一方面，一个简单的基于规则的AI聊天机器人只响应特定的预定义命令；另一方面，一个AI聊天机器人可以通过从每个会话中学习一些新的东西模拟一个真实的会话，并相应地调整响应和动作。AI聊天机器人可以自动完成日常任务，并提供相关信息和服务。这些聊天机器人可以通过响应查询、评论博客文章以及提供实时帮助和定制来提高访问者的参与度。

当前，研究与开发基于网络技术的智能化教学系统在全球范围内正日趋成为研究领域的焦点。这项工作的核心在于探索经典智能教学系统如何在网络教育环境中得到有效实施。一个尤为突出且成效显著的研究分支是自适应超媒体技术。

该技术的成功彰显了其在智能化教学系统中的关键作用。可以说，Web 技术现已构成了智能教学系统中不可或缺的技术支柱。

"基于 Web 的智能教学系统由于缺乏面对面的交流，在一定程度上削弱了学生的学习动机。因此，利用 Agent 较强的通信交互能力和自适应能力来对用户与智能教学系统之间的交互进行研究以增强学生的学习动机和进一步提高教学质量是智能教学系统需要进一步研究的课题。"[①]

（二）人工智能相关技术

人工智能技术构成了教育领域智能化转型的基石，致力于模拟人类大脑的高级认知功能，如逻辑推理、问题证明与创意构思，旨在使计算机系统能够胜任那些通常需要专业知识才能完成的高难度任务。在此基础上，教育机器人被设计来实现与用户如同人与人之间般自然流畅的口语交流，以及在互动中展现出类似人类的反应与沟通技巧。

在智能化角色设定上，这些机器人需要具备多面手的特性，能够灵活充当教师、同学、学习助手或咨询顾问等不同身份，紧密配合学习者的需求，进行个性化的互动与指导，及时给予富有价值的正向反馈。

进一步细分，实现上述功能依赖于一系列复杂而精密的人工智能核心技术，包括机器学习，它让系统能在经验中自我优化；知识图谱技术，用以构建和管理结构化的信息网络；自然语言处理，确保机器能够理解并使用人类语言；计算机视觉，让机器能"看"并理解视觉信息；人机交互技术，提升用户与设备间的沟通效率与体验；以及生物特征识别技术，实现更加安全与个性化的身份验证与互动方式。

1. 机器学习

机器学习是一种利用算法分析数据，从中吸取知识和经验，并据此作出判断或预测现实世界中的事件的技术。例如，苹果的 Siri、垃圾邮件过滤系统以及在线商城的个性化推荐，都是机器学习应用的实例。

机器学习融合了统计学、系统识别、逼近理论、神经网络、优化理论、计算

---

① 郭长庚. 智能教学系统若干关键技术研究 [D]. 武汉：武汉理工大学，2012.

机科学和神经科学等众多学科知识，专注于研究计算机如何模仿人类学习行为，以获得新知识、提升技能，并不断优化自身表现，是构成人工智能技术心脏的关键部分。

机器学习的演进历程可大致分为四个主要阶段。

第一阶段：初始的活跃期发生在20世纪50年代中期至20世纪60年代中期。

第二阶段：随后进入了一个较为平静的发展阶段，大约从20世纪60年代中期持续至20世纪70年代中期。

第三阶段：20世纪70年代中期至20世纪80年代中期是机器学习的复兴期。

第四阶段：起点可追溯至1986年，直至现在，这一领域仍在持续快速进步。

按照不同的学习模式、方法和算法，机器学习可以被分为几种类型，其中最基础的分类依据是学习模式，可分为监督学习、无监督学习和强化学习三种。

监督学习是一种方法，它依靠一组预先标记好的训练数据，采用特定的学习策略构建模型，旨在对新的数据进行分类或映射。这一类别下，回归和分类是最常见的两种算法。监督学习的前提是训练样本需附带正确的分类标签，且标签越准确、样本越具代表性，模型的预测精度就越高。该技术广泛应用于自然语言处理、信息检索、文本挖掘、手写识别以及垃圾邮件检测等多个领域。

比如，医院已经积累了一定的病人信息和他们最终确诊是否患病的情况，根据这些数据，就可以通过一个软件，实现对其他病人的自动诊疗。这就是监督学习。

无监督学习是一种数据分析方法，它通过分析未添加标签的数据集来揭示其中潜在的结构或规律，典型应用包括单类密度估计、单类数据降维技术（如PCA）、聚类等。这种方法的优势在于，无须依赖预先标注的训练数据，从而简化数据存储需求，减少计算负担，加速算法执行，同时能够有效缓解因样本不均衡导致的分类偏差。无监督学习广泛应用于经济趋势预测、异常行为监测、数据挖掘任务、图像分析及模式识别等领域。

比如，电商网站对于每一个客户都同等对待，初始的时候没有标记，但是随着用户在电商网站留下越来越多的足迹，电商网站就可以使用无监督学习的方式，为他的客户群体进行分类，划分为理智型、冲动型、重视性价比型、重视商品质量型等。

强化学习是一种让智能体通过与环境互动来学习最优行为策略的过程，其目标是最大化累积奖励，即通过不断试错调整行为策略，使智能体在特定环境下获得最大的正反馈。由于环境反馈信息有限，强化学习依赖于智能体在探索中自我学习与适应。该技术已在机器人操控、自动驾驶、棋类游戏、工业自动化控制等多个领域展现出显著成效，推动了这些领域技术的前沿发展。

比如，围棋程序"阿尔法狗"在和对手博弈的时候，每一次落子都是和环境进行交互，在交互之后，对手相应也落一个子，那么"阿尔法狗"相应就要思考刚才的落子是好还是不好，下一次遇到类似情况是否需要改进。

机器学习按照学习方法可以区分为两大类别：传统机器学习和深度学习。

传统机器学习是基于历史数据（训练样本）去探索那些难以直接通过理论分析获得的规律，旨在准确预测未来数据的走势或行为。这一领域包含一系列经典算法，如逻辑回归、隐马尔可夫模型、支持向量机、K-近邻法、三层人工神经网络、Adaboost算法、贝叶斯方法以及决策树等。这些方法力求在预测准确性与模型可解释性之间找到平衡，特别适用于有限数据集的分类、回归和密度估计等问题。统计学是其理论基础之一，广泛应用于自然语言处理、语音识别、图像识别、信息检索和生物信息学等计算机科学分支。

深度学习则是一种基于深层次结构模型的学习策略，其代表算法有深度置信网络、卷积神经网络（CNN）、受限玻尔兹曼机（RBM）以及循环神经网络（RNN）等。深度学习实质上是一种多层神经网络的拓展，其中，网络层次超过三层的就被视为深度神经网络。2006年，以杰弗里·辛顿等人为代表的学者推动了深度学习的兴起，它通过合并特征表示与学习过程，牺牲了一定的可解释性，以换取更高的学习效率。随着时间的推移，多种深度神经网络模型被开发出来，CNN因其在处理空间结构数据（如图像）上的高效而著名，而RNN通过引入记忆机制，擅长处理时间序列数据。深度学习框架作为实现深度学习的基础设施，提供了丰富的神经网络模型、稳定的 API（Application Program Interface，应用程序接口），支持训练模型在服务器和图形处理器、张量处理单元间的分布式学习，部分框架还具备跨平台部署能力，显著提升了模型训练的速度和实用性。当前，TensorFlow、Caffe、CNTK、MXNet、PaddlePaddle、PyTorch 以及 Theano 等开源框架是深度学习研究与应用的主流选择。

传统机器学习与深度学习的区别是很明显的。比如，用一个智能程序识别"猫和狗"，如果是传统机器学习的方法，程序员会首先定义一些特征，如有没有胡须、耳朵、鼻子、嘴巴的形状等，即先确定相应的"面部特征"作为机器学习的特征，以此来对"猫和狗"进行分类识别。而深度学习的方法则是自动地找出这个分类问题所需要的重要特征，这与传统机器学习需要人工给出特征显著不同。深度学习适合处理大数据，在数据量比较小的时候，用传统机器学习方法也许更合适。由于深度学习的计算量太大，所以它十分依赖高端的硬件设施。深度学习中涉及很多矩阵运算，因此很多深度学习都要求有 GPU 参与运算，因为 GPU 就是专门为矩阵运算而设计的。相反，传统机器学习对硬件要求不高，普通的老旧电脑也能运行。

2. 知识图谱

知识图谱（Knowledge Graph）一词于 2012 年 5 月 17 日由谷歌公司的研究员提出，初衷旨在强化搜索引擎性能，提升用户的搜索质量和体验。伴随人工智能科技的突飞猛进，知识图谱逐渐凸显其作为核心技术的地位，其应用范畴已拓宽至智能搜索、智能问答、个性化推荐系统及内容个性化分发等多个维度。

尽管目前对知识图谱尚无统一的界定，普遍认知将其视作一种结构化的语义知识库，采用图数据结构展现，由节点和边构成，以符号体系描绘现实世界中实体及其相互关系。其微观构造基于"实体—关系—实体"的三元组模型，以及实体所携带的"属性—值"。在这个图谱中，每个节点都代表现实世界中的一个实体，边表示实体间的关联，由此织成一张错综复杂的关系网络，赋予了从关系视角审视问题的独特能力。

知识图谱在维护公共安全方面展现出了巨大潜力，如在反欺诈、不一致性验证、组团欺诈等领域，它借助异常分析、静态分析与动态数据分析等手段发挥效用。此外，它在搜索引擎优化、数据可视化以及精准营销策略上同样表现出明显优势，成为行业追捧的实用工具。

然而，现在知识图谱的发展面临着严峻挑战，首要便是数据质量问题，包括数据错误和信息冗余现象。随着其应用场景的不断拓展，一系列技术瓶颈亟待攻克，包括如何高效处理数据噪声、优化数据处理算法及提升图谱构建与更新的自动化水平，这些都是推动知识图谱技术迈向更高台阶的关键所在。

3. 自然语言处理

自然语言处理（NLP）是一项专注于分析和操作自然语言信息的技术，它在语言学领域常被称为计算语言学。该技术涵盖两个核心方面：自然语言理解（NLU）与自然语言生成（NLG），二者形成了一套完整的语言处理体系。

自然语言理解致力于深入解析语言的内容与背后的意图，特别是在 AI 领域，强调的是计算机如何能准确捕捉到人类语言的深层次意义。相反，自然语言生成则是创造过程，它把非自然语言形式的数据转化为自然语言输出，比如从数据库信息生成描述性文本。这两者构成了 NLP 的双翼，一个是解读，一个是表达，互为补充，互为逆过程。

简言之，如图 1-3-1 所示，NLP 位于 NLU 与 NLG 的交汇点，协调二者工作。在这个框架里，不论是处理同一种语言（比如实现人机对话的场景），此时的互动可视为聊天模式；还是转化不同语言（例如执行翻译任务时），此时的过程便体现为跨语言的信息传递，即机器翻译。无论哪种情况，NLP 都是促进语言有效沟通与转换的核心技术支撑。

自然语言处理技术广泛涉猎多个分支，核心领域包括机器翻译、语义理解和构建问答系统。

（1）机器翻译

机器翻译技术利用计算机的力量跨越语言壁垒，实现不同自然语言之间的转换。统计方法的引入打破了旧有的基于规则和模板的翻译局限，显著提高了翻译质量。而基于深度神经网络的机器翻译技术，尤其是在处理日常对话等场景时，展现出了极大的潜力，预示着这一领域未来的广阔前景。随着对上下文理解的深化和逻辑推理能力的进步，以及自然语言知识图谱的不断丰富，机器翻译在连续对话和长文段落翻译等方面的效能预计将迎来更大的飞跃。

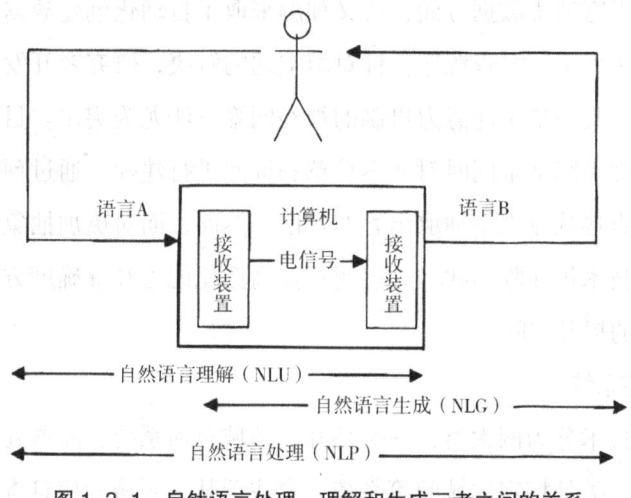

图 1-3-1　自然语言处理、理解和生成三者之间的关系

在不限定特定领域的机器翻译中，统计机器翻译是目前表现较为优异的一种方式，该技术流程主要分为两个阶段：训练和解码。训练阶段旨在确定模型参数，而解码阶段则是利用这些参数，按照特定优化目标，找到最合适的翻译输出。这一过程涵盖了从原始文本的预处理、词语间的对应匹配（词对齐）、短语提取、短语概率计算，到基于最大熵模型的排序等多步骤。

与之相比，端到端的神经网络翻译方法采用了更为直接的途径，它无须手动设计双语特征，而是直接将源语言的文本输入神经网络模型，通过模型的内部运算直接输出目标语言的翻译结果。这类系统通常采用循环神经网络或卷积神经网络来构建句子的语义表示，从大量的训练数据中自动学习语义信息。这种端到端的策略使翻译输出更加自然流畅，提高了在实际应用场景中的满意度和有效性。

（2）语义理解

语义理解技术是计算机科学的一个分支，专注于利用算法和计算技术深入解析文本内容，并能够针对文本内容提出的问题给出准确答案。其核心在于深入挖掘上下文信息，并确保回复的精确度。随着 MCTest 这类数据集的推出，语义理解研究获得显著的关注与快速增长，推动了众多数据集和与之配套的神经网络模型的诞生。此技术在提升智能客服、自动问答产品等领域的服务质量上展现出巨大潜力，极大增强了对话与问答系统的精确性。

在积累和丰富训练数据方面，语义理解采取了自动化创建数据和设计填空题的方式，有效扩大了数据资源库。针对填空题的解决，研究者开发了多种基于深度学习的策略，其中基于注意力机制的神经网络方法尤为突出。目前，流行的模型倾向于利用神经网络来同时对文本篇章和询问进行建模，通过预测答案的起始和结束位置来直接从原文中抽取出答案片段。然而，面对更加抽象和广泛答案的需求，现有的技术仍面临挑战，这表明在提高泛化能力和准确度方面，语义理解技术还有广阔的提升空间。

（3）问答系统

问答系统技术分为两大类：一类是开放领域对话系统，能够处理广泛话题的自由交谈；另一类是特定领域问答系统，专注于某一领域的信息查询。该技术旨在实现计算机与人类通过自然语言进行流畅互动，用户提出问题，系统则提供高度相关的答案反馈。尽管市场上已不乏问答系统应用，常见于信息服务和智能移动助手等场景，但这些系统在处理复杂多变的查询和维持对话稳定性方面仍面临不小的挑战与改进空间。

自然语言处理技术在发展中遇到了四大主要难题：首先，语言的各个层面，包括词法、句法、语义、语用乃至语音，都存在一定的模糊性和多样性，增加了理解难度；其次，语言是不断演化的，新词、术语、语义和语法结构的涌现，使预测和理解新的语言现象变得困难；再次，可用的高质量数据资源往往不足以全面覆盖语言的复杂多样性，限制了模型的学习能力；最后，语义层面的模糊性以及语义间错综复杂的关联，导致使用简单的数学模型难以精确描述，通常需要依赖计算量庞大且结构复杂的非线性模型来进行语义计算。这些问题共同构成了自然语言处理技术深入发展的主要障碍。

4. 计算机视觉

计算机视觉科学致力于让计算机模拟人类的视觉功能，实现对图像及图像序列的识别、解析、处理和深入理解,这在自动驾驶、机器人技术、智慧医疗等多个领域中至关重要,因为这些领域依赖于从视觉数据中提炼有价值信息的能力。近年来,随着深度学习技术的飞跃,传统的图像预处理、特征提取步骤与后续算法处理逐步融为一体,催生出由端到端的智能算法解决方案,简化了处理流程并提高了效率。

计算机视觉技术根据解决的具体问题可细分为五个主要分支:计算成像学、图像理解、三维视觉、动态视觉以及视频编解码技术。这显示了其在技术深度和广度上的全面发展。

当前,计算机视觉技术正经历着快速的工业化进程,已初具规模。然而,面向未来,该领域仍面临若干挑战:首先,如何跨领域协同作战。虽然在一些领域,借助大数据的威力,计算机视觉技术已能超越人类水平,但在其他一些领域,其精确度仍有待提升,需要更紧密地与相关技术融合。其次,如何缩减研发成本。当前计算机视觉算法的开发高度依赖大规模数据集和人工标注,这不仅耗时久且成本高昂。最后,如何加速算法创新。随着新型成像技术和人工智能硬件的不断涌现,针对特定硬件和数据采集设备定制高效计算机视觉算法成为又一紧迫课题。

5. 人机交互

人机交互深入探索了用户与计算机系统间的信息交流机制,覆盖双向沟通的两个关键环节:用户向计算机传达指令及计算机向用户的反馈。作为人工智能周边技术的关键组成部分,该领域紧密联系认知心理、人机工程、多媒体技术、虚拟现实技术等多学科知识。以往,这类交互主要依赖物理设备实现,比如键盘、鼠标等输入工具,以及显示器、音响等输出媒介。现今,交互技术日新月异,涵盖了基础交互、图形界面、语音控制、情感理解、体感操作,甚至是先进的脑机接口技术。

6. 生物特征识别

生物特征识别技术是一种基于个人独特的生理属性或行为模式进行身份验证的技术。其实现流程包含注册与识别两大步骤:注册时,通过高科技传感器捕获个人生物特征数据，如使用摄像头捕捉指纹、面部图像，或麦克风录制声音等，再通过精密的数据处理与特征抽取算法加工这些信息，并保存为参考模板。识别阶段则重现此数据获取流程，提取当前生物特征并与存储的模板对比，以完成身份验证。生物特征识别可细分为两类：一是辨认，即从大量数据库中匹配查询者的身份，属于一对多匹配问题；二是确认，即将查询者信息与某一特定记录对比，确保一对一匹配准确无误。

生物特征识别技术的范畴广泛，涉及指纹、掌纹、面部识别、虹膜扫描、指静脉认证、声纹分析、步态识别等多样化的生物标志，其背后的技术支撑包括图像处理、计算机视觉、语音识别、机器学习等多个高精尖科技领域。鉴于其高效与安全特性，生物特征识别已成为金融安全、公共安全管理、教育认证、交通运输等众多行业不可或缺的身份认证手段。

（三）仿生技术

仿生技术是一门融合工程智慧与生物学原理的跨界学科，它源自对自然界动植物卓越机能的深刻洞察。事实上，大自然数百万年磨砺出的生物机制，在适应性和完善度上往往远超现有的人工设计。仿生学的核心目标，就是借鉴这些生物界的精妙设计，将其转化为技术解决方案，即所谓的仿生技术。

当前，仿生技术步入快速发展轨道，其应用领域宽泛，尤其在机器人技术领域展现了极高的融合度与应用潜力。在教育机器人的研发中，仿生技术大放异彩，通过模拟自然界生物的形态特征和独特能力，赋予了机器人以类似人类的外观，使之能够执行宛如真人般细腻的动作。这一过程涵盖了对人体结构的模仿、生理功能的复现乃至生物材料的借鉴，其中，人形机器人的诞生便是仿生技术在机器人领域应用的一个标志性成就。

为了使教育机器人具备更接近人类的感知与行动能力，研究者正致力于整合生物学、信息技术和机械工程的前沿成果，通过综合运用仿生策略，突破限制。这些努力不仅聚焦于提升机器人的物理仿真度，还着重于增强它们的环境感知、决策制定与灵活反应能力，以期推动教育机器人技术向更高层次迈进。

（四）沉浸式技术前沿：虚拟现实与增强现实

虚拟现实（VR）与增强现实（AR）技术，作为计算机科技的前沿分支，致力于创造一个与现实世界在视觉、听觉乃至触觉上高度仿真的数字化体验空间。用户通过特制的设备与这个数字化世界互动，感受近乎真实的沉浸式环境，这背后的技术实现依托于显示器、定位追踪器、触觉反馈装置、数据采集工具及高性能芯片等硬件与软件的协同运作。

从技术流程的维度审视，VR与AR技术可细分为五大核心板块：信息获取与建模、数据分析与应用、内容交换与分发、展示交互设计以及技术标准化与评估系统。首先，信息获取与建模专注于物理实体或创意概念的数字化转化，面临的挑战在于三维世界的精确捕捉与建模。其次，数据分析与应用致力于数字内容的深度解析、智能索引及知识提取，其技术瓶颈在于内容的语义理解和表达。再次，内容交换与分发技术关注于跨网络平台的高效内容流动、格式兼容、个性化推送，关键在于开放式的版权管理和内容交换机制；展示与交互技术则着重于提升人机交互的自然性和信息处理效率，目标是构建无碍的沉浸式交流界面。最后，标准与评价体系是确保技术与内容的规范化、可评估性的基石，包括研究基础资源、内容编目、信源编码等的规范标准以及相应的评估技术。

在智能教学系统框架下，虚拟现实技术的应用展现出多维潜力。

1. 作为交互界面

为了适应学生的个性化学习需求并兼顾传统课堂的接受度，虚拟现实技术被融入虚拟教室，有效弥补了传统HTML技术构建的虚拟课堂在交互性、感官维度及沉浸感方面的不足。通过网络与交互式多媒体工作站的支持，教师能够开展虚拟授课，学生则利用个人工作站参与学习过程，观看多媒体课程、做笔记，并经由网络平台进行实时互动，营造出一种现代化、高效且个性化的学习场景。

2. 成为教学资源的一部分

（1）数字化实验体验

在教育实践中，实验是不可或缺的一环，尤其在物理、化学及计算机结构等实践导向学科中，它对于锻炼学生的动手能力和问题解决能力至关重要。通过构建网络虚拟实验室，学生得以在一个三维可视化平台上参与实验操作，这样的虚拟实验突破了地域限制，让多位身处不同地点的学生协同完成同一实验，促进了资源共享与合作学习。

（2）在线数字图书馆资源

虚拟图书馆，或称为电子图书馆，是一个集成化、高智能的信息平台，集文献资料的数字化存储与检索于一体，为用户提供便捷的访问通道。虚拟图书馆作为智能教学系统知识储备的一部分，极大地丰富了学习资源库，为学生开辟了获取知识的新途径。

（3）协同虚拟研讨空间

在虚拟研讨环境中，学习不再受时空约束，学生可以自由交流论文观点、分享实验成果，同时为师生互动和学生之间的协作提供了新的平台。通过协同虚拟环境（CVE）技术，参与者仿佛置身于虚拟世界中，能够实现与他人远程、逼真的互动与合作，这一技术旨在创建一个直观高效的协作环境，促进地理位置分散的学习者进行无缝合作，为智能教学系统中的协作学习开辟了新天地。

目前，虚拟现实与增强现实技术在发展过程中面临的挑战主要集中于智能信息获取、普及型设备开发、自然流畅的交互方式以及多感官融合技术的优化。这些挑战不仅涉及硬件设施、核心组件、软件工具的创新，还包括制定相应的技术标准与规范。未来，虚拟现实与增强现实技术将朝着系统智能化、虚实融合无缝对接，以及更加自然舒适的交互体验方向发展，进一步推动教育与协作方式的变革。

（五）学习者建模技术

研制智能教学设备，提高教学效果，离不开对学习者建模的研究。学习者模型是对真实学习者的一种抽象表示，代表了学习者的知识技能、认知行为、情感体验等方面的水平和特征。在智能辅导系统中，学习者模型扮演着大脑的角色，它可以在学习者学习的过程中跟踪其状态的变化，并自适应地提供给学习者合适的交互。在大规模在线学习环境中，学习者模型可以对大规模的学习者进行定性或定量描述，为教师和学习环境设计人员的决策提供重要参考。在大数据和人工智能的时代，学习者模型有着非常广阔的研究空间和应用场景。

构建一个学习者模型的初期要考虑的主要因素包括作为数据来源和应用场景的教学环境、所选择建模的学习者特征以及所采用的建模技术，因此，学习者模型可以从教学环境、建模对象、建模技术这三个角度进行分类。"按照建模对象，将学习者模型分为学习者知识状态模型、学习者认知行为模型、学习者情感模型和学习者综合模型这四个类别"[①]，分别加以介绍。

1. 以知识状态为基准的学习者模型

以知识状态为基准的学习者模型所关注的是学习者在学习过程中其知识状态的变化。从建模技术角度看，常用的方法有覆盖模型、铅版模型、偏差模型、贝叶斯知识跟踪（Bayesian Knowledge Tracing，BKT）模型等。覆盖模型是把学生所拥有的知识集看作专家知识的子集，通过将学生知识子集与原集进行比较，可以根据学生的知识缺陷向其推送适当的学习内容和学习策略。铅版模型是一个简单的分组用户模型，它通过将学生划分到不同的群体中来简化分析，每个群体内部的学生在知识水平、个人兴趣、学习倾向、既定目标及过往学习经历等方面表现出相似性。而偏差模型则专注于监测并记录学生在解决问题时的步骤与专家推荐路径之间的差异，这些差异揭示出学生在具体知识点上的弱项，并且能够依据偏差的特征，提出针对性的改进策略，帮助学生弥补知识或技能上的差距。贝叶斯知识跟踪模型假设每项知识（或技能）有四个参数：初始概率、习得概率、猜对概率、疏忽概率，前两个参数与知识掌握相关而后两个参数则与答题表现相关。BKT 是一个比较简单和受限的隐马尔科夫模型：其隐式节点代表知识点掌握情况，分别代表"未掌握"和"已掌握"；其显式节点代表学生完成练习的情况，分别代表"错误"和"正确"。

2. 以认知行为为基准的学习者模型

彭文辉等人设计了一种全面的网络学习行为分析框架，该框架从五个不同层面深入探讨了学习者的在线活动，具体包括：信息搜索与获取的行为、信息处理与内化的学习过程、信息分享与发布的主动性、人际间通过网络进行的沟通与交流模式，以及围绕问题解决策略展开的学习行为。韦拉马·谢尼尼等则将

[①] 徐鹏飞，郑勤华，陈耀华，等.教育数据挖掘中的学习者建模研究[J].中国远程教育，2018（6）：5-12.

MOOCs（慕课）下学习者的行为分为观察、提交、协作三类。依据学习者的行为数据，可以选取合适的特征对学习者进行分组。例如，安德森等根据观看视频和提交作业的情况，将学习者按照投入模式分为观察型、解题型、全面型、收集型和局外型五个类别。也可以基于行为数据对学习者的认知行为从某个角度进行量化。例如，辛哈等认为学习者与教学视频的交互数据是MOOCs环境下覆盖学习者最多的一类数据，而且仅通过这单项数据就可以对学习者进行有效的认知行为建模。论坛、维基等模块中包含的文本数据则可以用计算语言学的工具进行深入的分析。例如，道尔等基于文本数据建立了一个面向语言和语篇的学习者模型，并用它来预测学习者的社会网络中心性和学业表现。

3. 以情感为基准的学习者模型

研究者发现情感与认知、动机和行为密切相关，在学习过程中扮演关键角色。学习者情感模型可以从几个角度进行分类。根据模型在时间轴上的粒度可以划分为两大类别：瞬间情感模型与连续式情感模型。瞬间情感模型专注于在学习进程中的几个关键时刻点，如课程开始前后的学员情绪状态，进行建模和评估；而连续式情感模型则更进一步，它持续不断地监测并分析学习过程中学习者情感的波动和演变。

从数据获取的途径来看，情感模型又可分为主观情感模型与客观情感模型两大类。主观情感模型依赖于学习者主动提供的信息，这些资料多通过问卷调查、个人访谈等主观反馈渠道获得；相反，客观情感模型侧重于通过非介入方式收集数据，比如分析学习者与教学平台的互动记录、视频监控中的非言语行为、音频记录中的语调变化等客观指标，并以此来推断学习者的情感状态。随着技术的进步，客观连续的情感模型受到越来越多的重视并得到快速的发展。目前，在学习者情感模型中常用的特征有人脸图像或视频、语音和文本等。可以预见，随着普适计算、穿戴式设备、情感计算和人工智能等领域的发展，学习者情感模型将更加多模化与智能化。

4. 学习者综合模型

学习者综合模型指的是对学习者多个方面进行综合而建立的整体性模型。例如，在自适应学习系统中可以通过对学习者的知识水平、认知能力、偏好信息进行综合性建模，提高自适应学习系统适应学习者的能力。除了在自适应学习系统中的应用，学习者综合模型还有两类比较典型的应用场景。一类是预测性模型，这类模型为了提高预测准确率而综合考虑了学习者的多种信息，一个典型应用场景是 MOOCs 环境下的退学预测；另一类是评价性模型，这类模型主要为学生评价服务，需要以教学目标作为价值判断的依据和准绳，为了提高评价的客观性和全面性，也尽可能多地考虑学习者的多种信息。

第二章 人工智能教育应用的理论基础

伴随着人工智能技术的不断推进与深入发展，人工智能与教育相融合成为可能。关于人工智能教育应用的理论基础，本章主要介绍了建构主义学习理论、人本主义学习理论、多元智能理论、个性化学习、智能化学习、智慧教育环境。

第一节 建构主义学习理论

建构主义是一种心理学和哲学的观点，认为个体形成或者建构了他们的学习和理解。严格意义上说，建构主义不是一种理论，而是一种认识论，或者看成对学习本质哲学层面上的解释。当代建构主义的重新兴盛除了受到后现代主义、女性主义哲学的影响，最直接的推动力来自教育技术领域。20世纪80年代，由于信息技术对教育的挑战，人们尤其是教育技术界的学者重新掀起了建构主义的理论思潮，并根据信息技术的需要，对其进行了新的理论补充。

一、学习观

学习不仅是知识从外部到内部的简单传递，更是学习者积极主动地构建自己知识体系的过程。这一过程涉及新的经验与学习者原有的知识之间的双向互动，通过这种互动，学习者能够扩展、丰富并优化自己的知识结构。具体来说，这种知识的构建不是靠教师单向地教授完成的，而是在特定的社会文化背景中，通过与他人（包括教师和同伴）的互动，利用必要的教学资源，在理解和意义的构建过程中逐渐形成的。学习不是知识由教师向学生的传递过程，而是学生建构自己的知识的过程，学习者不是被动的信息吸收者，相反，他要主动地建构信息的意义，这种建构不可能由其他人代替。

（一）学习的含义

根据建构主义的教育理论，学习环境的构成是复杂而多维的。理论认为，在特定的文化和社会背景下，学习不单是个体的行为，而是一个集体的社会行为，需要在他人的协助下通过共同协作来实现知识的意义构建。这种协作不仅限于学习者与教师之间，也包括学习者之间的互助与交流。因此，建构主义强调"情境""协作""会话""意义建构"四个核心元素，这些元素共同定义了一个富有成效的学习环境，使学习过程更为深入和持久。在这样的学习模式下，每个学习者都被视为主动参与者，而不是被动的知识接受者，从而更全面地发展其个人能力和社会技能。

在构建学习环境时，"情境"扮演着至关重要的角色。教学设计必须创建有利于学生对学习内容的深层意义进行建构的环境。这种环境的设计不仅涉及对教学目标的细致分析，还包括如何创设有助于学生构建意义的具体情境，使之成为教学设计过程中的一个核心要素。

在学习过程中，"协作"是贯穿始终的关键活动。协作不仅促进学习材料的收集与分析，还助推假设的提出和验证，以及学习成果的评价，直至对知识的深层意义进行最终构建。通过这样的协作过程，学习者能够在集体智慧的帮助下，更有效地达到学习的高级目标。

"会话"是协作学习过程中不可或缺的环节。在这一环节中，学习小组的成员需要通过充分的对话来制订完成既定学习任务的计划。协作学习本身是一个连续的对话过程，在这个过程中，每位成员的思维成果将被整个团队共享，使会话成为实现深度意义建构的重要工具之一。

"意义建构"是整个学习过程的最终目的。所要建构的意义涵盖了事物的本质、其内在规律，以及不同事物之间的关系。在帮助学生构建意义的过程中，重点帮助他们深入理解学习内容所反映的事物的本质、规律以及这些事物与其他事物之间的联系。这种深刻的理解最终在大脑中形成长期的存储结构，即"图式"，这是关于当前学习内容的复杂认知结构。因此，我们可以看到，学习的质量是由学习者建构意义的能力决定的，而非仅依赖于学习者复现教师思维过程的能力。换言之，知识的获取一定程度上依赖于学习者根据自身经验构建相关知识的能力，而非仅依靠记忆和背诵教师的授课内容。

（二）学习的方法

建构主义教学理念提倡在教师的精心指导下实施以学生为中心的学习模式。这种教学模式不仅强调学习者在认知过程中的主体性，也充分考虑到教师的重要作用。在这一教学理念中，教师扮演的是意义建构的辅助者和促进者的角色，而不仅是传统意义上的知识传递者或灌输者。学生在这种教学模式中被视为信息处理的主体和意义的积极构建者,而非被动地接受外部刺激和被灌输的对象。为了成为意义的积极构建者,学生的学习过程表现为以下三个方面:首先,学生应通过探索法和发现法来构建知识的深层意义;其次,学生需要在意义构建过程中积极搜集和分析相关的信息与资料,对遇到的问题提出多种假设并努力验证这些假设;最后,学生应当尝试将新学的内容与已知的知识进行联系,并对这些联系进行深入的思考。这种"联系"与"思考"是构建深层意义的关键环节。

如果学生能够将联系和思考的过程与协作学习中的协商过程(即通过交流和讨论)有效结合,那么他们构建知识意义的效率和质量将显著提高。协商过程包括"自我协商"和"相互协商"两个方面,其中自我协商涉及个体内部对正确与否的辩论;相互协商则涉及学习小组成员之间的讨论和辩论。在这一教学模式中,教师的角色同样至关重要。教师需要在教学过程中发挥关键的指导作用,包括激发学生的学习兴趣,帮助学生形成学习动机;通过创设与教学内容相符的情境和提示,帮助学生建立新旧知识之间的联系并明晰建构知识的意义;此外,为了提高意义建构的效果,教师应组织和引导协作学习活动,确保这些活动能够有效地促进知识的深入理解和意义的建构。

引导的方法包括:"提出适当的问题以引起学生的思考和讨论,在讨论中设法把问题一步步引向深入以加深学生对所学内容的理解,要启发诱导学生自己去发现规律、自己去纠正和补充错误的或片面的认识。"[①]

建构主义教学流程大致如图 2-1-1 所示。

二、教学原则与教学模式

建构主义学派基于对学习过程深刻的理解,提出了一系列关于学习内容的选择、组织以及教学进程设计的独到见解。他们开发并推广了多种创新的教学模式,来适应不同的教学需求和学习环境。这些教学模式包括:随机进入教学、情境性学习、抛锚式教学、认知学徒制、支架式教学等。

---

① 高文,徐斌艳,吴刚. 建构主义教育研究 [M]. 北京:教育科学出版社,2008.

人工智能教育应用探索

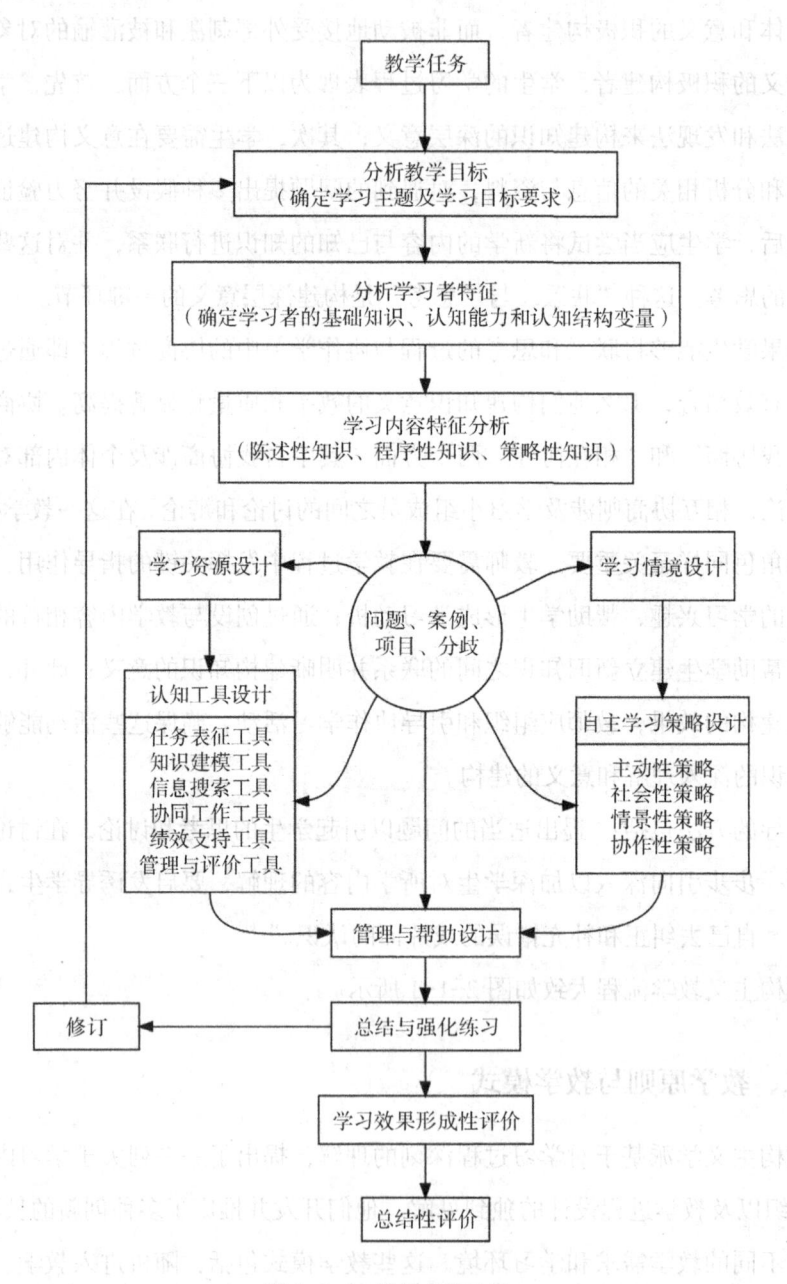

```
                        ┌──────────┐
                        │ 教学任务  │
                        └────┬─────┘
                             ↓
        ┌────────────────────────────────────┐
    ┌──→│        分析教学目标                │
    │   │ （确定学习主题及学习目标要求）     │
    │   └────────────────┬───────────────────┘
    │                    ↓
    │   ┌────────────────────────────────────┐
    │   │       分析学习者特征               │
    │   │（确定学习者的基础知识、认知能力和  │
    │   │       认知结构变量）               │
    │   └────────────────┬───────────────────┘
    │                    ↓
    │   ┌────────────────────────────────────┐
    │   │       学习内容特征分析             │
    │   │（陈述性知识、程序性知识、策略性知识）│
    │   └────────────────┬───────────────────┘
                         ↓
      ┌──────────┐   ┌───────┐   ┌──────────┐
      │学习资源设计│  │问题、案例、│ │学习情境设计│
      └─────┬────┘   │项目、分歧 │ └────┬─────┘
            │        └───────┘         │
      ┌─────┴────┐                 ┌────┴─────┐
      │认知工具设计│               │自主学习策略设计│
      │任务表征工具│               │主动性策略  │
      │知识建模工具│               │社会性策略  │
      │信息搜索工具│               │情景性策略  │
      │协同工作工具│               │协作性策略  │
      │绩效支持工具│               └────┬─────┘
      │管理与评价工具│                  │
      └─────┬────┘                      │
            └──────→┌──────────┐←──────┘
                    │管理与帮助设计│
                    └──────┬─────┘
          ┌────┐          ↓
          │修订│←──┌──────────────┐
          └────┘   │总结与强化练习│
                   └──────┬───────┘
                          ↓
                   ┌──────────────┐
                   │学习效果形成性评价│
                   └──────┬───────┘
                          ↓
                   ┌──────────┐
                   │总结性评价│
                   └──────────┘
```

图 2-1-1 建构主义教学

随机进入教学模式强调，教学过程不仅是抽象地讲解概念的应用，还应通过具体的实例，将概念与实际情境相结合。此模式提倡在不同的时间点重复地探索

44

同一教学内容，每一次的学习都在不同的情境下进行，目的各异，针对问题的不同方面，以帮助学生全面理解概念的复杂性，并能将这些概念灵活地应用于多种实际情境中。

情境性学习模式主张教学应当解决学生在现实生活中遇到的具体问题。这种模式倡导使用真实的任务，并创建与现实问题相似的教学环境，引导学生进行类似于现实中专家解决问题的探索过程。在这个过程中，学生不仅能在情境中隐含地获得知识和工具，还能在实际操作中对其学习成果进行评估。

抛锚式教学模式提倡通过提供一个真实且具体的问题情境（通常通过视频技术实现）来引导学生。这样学生可以从多个视角探索学习主题，理解知识应用的具体情境，培养灵活且实用的知识体系，并将这些知识迁移到其他问题情境中。

认知学徒制模式模仿手工艺行业中的学徒学习方式，让学生跟随一位经验丰富的师傅，在真实的工作环境中学习。学生通过观察和模仿师傅处理实际问题时展示出来的认知过程，从而获得实际应用的知识和解决问题的能力。

支架式教学模式强调在具有挑战性的学习任务中，教师应适时地提供必要的帮助和支持，如示范、提示、反馈及指导。随着学生能力的提升，教师会逐步减少这种支持，直至完全撤除，以促使学生独立承担学习责任，并对自己的学习过程进行自我调节。通过这种方式，支架式教学旨在帮助学生在自主完成学习任务的过程中成长和发展。

第二节 人本主义学习理论

一、人本主义理论概述

"人本主义理论是 20 世纪五六十年代在美国兴起的一种心理学学派，代表人物为美国的人本主义心理学家马斯洛、罗杰斯等人。"[1] 人本主义者主张心理学

---

[1] 张艳，范多宝.20世纪出现的四种国外学习理论概览[J].高等教育，2012（1）：69.

应当把人作为一个整体来研究，而不是将人的心理肢解成不能整合的几个部分。应当研究正常的人，而且更应关注人的高级心理活动，如热情、信念、生命、尊严等内容。人本主义心理学的学习理论深入探讨了从全人教育的视角出发，如何理解学习者的整个成长过程。这种理论着重于人性的发展，旨在激发学习者内在的经验和创造性潜能。通过引导学习者整合自身的认知和经验，这一理论强调自我确认的重要性，并促进学习者走向自我实现的道路。此外，人本主义学习理论也专注于如何构建一个促进学习的优良环境，使学习者能够从自身独特的视角去感知并理解世界，进而在认识到自身价值和潜力的过程中，实现自我成长和发展，达到自我实现的最高境界。这一理论不仅强调个体内在的潜力挖掘，还关注如何通过教育实践帮助学习者实现心理和情感上的成长。

在罗杰斯多年的心理临床实践过程中，开创了一种以患者为核心的非指导性心理治疗方法。此治疗法的核心理念是将患者放在治疗过程的中心地位，治疗者则主要承担着倾听和感同身受的任务。治疗者需要认真听取并体会患者的内心感受，并以此为出发点帮助患者自我疗愈。此外，治疗者应该努力营造一个促进患者康复的积极环境。随后，罗杰斯将这一理论拓展到了教育领域，提出了以学生为中心的人本主义教育理念，视学生为学习过程中的主体。

人本主义心理学的学习理论，是从全人教育的角度出发，深入探讨学习者在整个成长过程中的心理发展。该理论强调发展人的本性，尤其注重激发学习者个人经验和创造性潜能的重要性。通过引导学习者将个人认知与实际经验相结合，促使他们肯定自我价值，并最终实现自我超越。此外，人本主义学习理论还特别关注如何为学习者创造一个积极向上的学习环境，这种环境可以让学习者从自身的视角出发，深刻感知并理解周围的世界，进而达到自我认知的提升和自我实现的高级阶段。总体来说，该理论为理解学习者的成长与发展提供了一个全面而深入的视角，其重点是通过积极的个人经历和环境互动，推动个体的全面成长和心理健康。

二、人本主义学习理论的主要观点

(一)马斯洛的学习理论

1. 内在学习论

马斯洛批判传统的学习是一种外在的学习，学习活动不是由学生决定的，而是由教师强制的。学生只是对个别刺激作出零碎反应而已，学生所学的知识缺少个人意义。"学生学到的，顶多不过像是在他的口袋里装了几把钥匙或几个铜钱而已。学生所学的一切，对他个人的心智成长，毫无意义。"[①]他提倡内化学习，强调学习要具有个人意义，学习活动由学生自己选择和决定，不由教师强制。学生自身具有学习潜力，教师只是辅导。

2. 自我实现的人格观

马斯洛在其理论中深入探讨了推动人类行为的心理动因，并明确指出这些动因并非源自性本能，而是基于人们的需求。为了更好地阐述这些需求，马斯洛创造性地提出了一个包含两大类七个层次的需求模型，形象地比喻为一座层层递升的金字塔结构。具体来说，这些需求从基础到高级依次为：生理需要、安全需要、归属与爱的需要、尊重需要、认知需要、审美需要以及自我实现需要。在这个模型中，马斯洛提出了一个核心理念：在追求更高层次的需求之前，人们必须至少部分满足较低层次的需求。他将需求分为两类：第一类是缺失需要，这些需要是基本的、普遍存在于人类和动物中的。当这些基本需求得到满足时，人们感受到的紧张和兴奋会随之减少，从而导致动机的消失。第二类需求被称为生长需要，这些需要是人类独有的，源自人内心深处对发展和实现自我潜能的渴望。只有当这些生长需要得到满足，个体才会进入一种心理的自由状态，从而体现出人的本质和价值，产生深刻的幸福感。马斯洛将这种状态描述为"顶峰体验"。此外，马斯洛强调人类共有的内在本性，如真、善、美、正义和欢乐，这些都是普遍存在的价值观和道德标准。他认为，实现个人的自我实现的关键在于改善人的"自

---

① 刘德儒.学习心理学[M].北京：高等教育出版社，2010.

知"或自我意识，使人们能够认识到自己的内在潜能或价值。这正是人本主义心理学的目标——促进人的自我实现，帮助个体实现其最大的潜能。

（二）罗杰斯的学习理论

1. 有意义的自由学习观

卡尔·罗杰斯所提出的有意义的自由学习概念，强调的是人的自主学习潜能的有效发挥。这种学习方式注重学生的自由选择和自我实现，主张学生自主选择那些他们认为对生活和实践具有重要意义的知识和经验。其核心特征是"自我—主动学习"，在这一学习过程中，学生在没有外界压力的情况下进行完全自主和自由的学习。罗杰斯认为，这种学习方式不仅涵盖了认知过程，还包括情感过程，并且深刻地影响着学习者的个性发展。通过这种学习，学生的态度、认知、情感、意志、行为以及个性等多个方面都将经历显著的变化。

在描述有意义的学习时，这不只是简单的知识增长。相反，它是一种深度整合个人经验各个部分的学习过程，可以引起个体行为、态度和个性的重大变化，同时影响个体未来行动方针的选择。此处，我们需特别区分罗杰斯的有意义学习与大卫·奥苏伯尔的有意义学习。罗杰斯的理论着重于学习内容与个人经历之间的紧密关联；奥苏伯尔的模型则侧重于新旧知识之间的结构性连接，主要关注理智层面而非个人意义层面。因此，根据罗杰斯的观点，奥苏伯尔所描述的有意义学习更多的是一种局限于理性认知的学习，而非罗杰斯所倡导的涵盖个性全面发展的意义学习。

罗杰斯关于有意义学习的观点深刻地揭示了其核心特征，包括四个关键方面：第一，全神贯注。在这种学习模式下，学习者不仅是用他们的理智参与，情感也完全投入学习过程中。第二，自动自发。这一特征强调学习者因内在动机驱使，而非外在压力，自主地探索、发现并理解事物的深层意义。第三，全面发展。在这个过程中，学习者的行为、态度和人格特质等都得到了均衡和全方位的发展。第四，自我评估。学习者在这一过程中将自我评估作为一个核心组成部分，他们不断检视自己的学习需求和目标完成情况，以此确保学习过程的适应性和有效性。

总的来说，有意义的学习融合了逻辑与直觉、理智与情感、概念与经验以及观念与意义。这种学习方式促使学习者将新知识和经验系统性地整合到自己的生活中，从而培养出一种更为统一整合的人格。如果学习者能够遵循这样的学习原则，其学习过程将变得更加深刻和具有转化性。这样的学习不仅是对知识的积累，更是一种生活方式的转变，使学习者成为一个更加完整的个体。

2. 学生中心的教学观

罗杰斯主张以学生为中心，学校为学生而设，教师为学生而教。他提出要以促进者取而代之学生自身具有学习的潜能，促进者只需为他们设置良好的学习环境，提供各种学习资源，使他们知道如何学习，他们就能学到所需要的一切。罗杰斯认为，教师和学生是一起成长的。教师和学生一样，需要不断地在学习中获取新的意义和启示。教育是有整合目的的、不断充实的、具有生活意义的成长历程。真正良好的教学设计是，给予学生充分的自由，让他自己去发现属于他自己的真理和智慧。真理与智慧永远是蕴藏在尚未被发现的知识的背后，教师带领学生合力去挖掘、探索，才是最理想的教学活动。

3. 知情统一的教学目标观

罗杰斯在其理论中强调了情感和认知的密切关系，认为这两者在人类精神世界中是紧密相连且不可分割的。他的观点指出，情感和认知不仅相互依存，而且在很多情况下都是相互融合的。这一理念深刻影响了他的教育哲学，即追求培养身心一体、情感与智慧并重的人。这样的人在罗杰斯看来是"全人"，或者说是一个"功能完善者"。他将这种理想人格描述为既能以情感的方式响应，也能以认知的方式理解与处理问题的人。对于罗杰斯而言，"全人"概念是一种理想化的人格模式，他认为实现这一模式的关键在于教育目标的设定。罗杰斯提出，教育的真正目的应该是促进学习和适应变化的能力，即培养那些不仅能适应环境变化，还能主动学习新知识的人。他特别强调，一个真正受过良好教育的人应该认识到没有绝对靠谱的知识，只有不断探求知识的过程才是可靠的。在他看来，教育的价值在于适应并驾驭不断变化的现代世界，而这一过程所强调的是教育的动态而非静态知识。此外，罗杰斯强调了人本主义教育的重要性，这种教育理念更注重教学过程本身，而不仅是教学内容或结果。他认为，教育应该关注如何教学，这包括如何激发学生的内在潜能，如何引导学生自我发现和自我实现，这些都是实现"全人"教育目标的重要方面。这种以人为本的教育方法旨在培养学生的独立思考能力和创新能力，使他们能够在不断变化的世界中独立生存和发展。

第三节 多元智能理论

一、多元智能理论的产生

在20世纪50年代，美国科技与教育领域发生了一系列重要的改革动作，这些改革逐步推动了整个社会的进步。在这样的大背景下，美国的教育界开始对自身的教育理念和教育方法进行深刻的反思与积极的探索。在推动物理学科改革的同时，教育界的改革者开始重视对艺术学科的建设与发展。在这种时代背景与社会氛围的推动下，哈佛大学启动了著名的"零点项目"，该项目由著名哲学家纳尔逊·古德曼负责。加德纳与纳尔逊·古德曼在艺术教育领域的共同关注与深入探讨，使这门学科开始受到心理学研究专家的高度重视。他们认为，艺术学科的教育不仅是技能和知识的传授，更重要的是它对学生心理结构的积极影响和建构作用。到1967年，纳尔逊·古德曼创立了哈佛大学教育研究生院，标志着教育界对艺术教育重视的进一步提升。研究生院的专家集中研究如何在学校教育中增加对学生艺术方面的教育，认为艺术的涵养对学生的全面发展至关重要。在加德纳的领导下，该团队发表了《智能的结构》一书，系统阐述了多元智能理论，这一理论不仅推动了教育学的发展，也为后来的教育实践提供了理论基础，其影响深远。此书的出版不仅标志着多元智能理论的正式提出，也促进了学术界对于智能多样性的认识和接受。

二、多元智能的基本结构及内涵

霍华德·加德纳提出了一种刷新观念的智力理论。在他的著作《智能的结构》（1983年出版）中，加德纳首次详细介绍了多元智能理论，并阐述了这一理论的核心框架。加德纳认为，智能不应该被视为单一的能力，而是一系列独立而又相互关联的能力集合。这些能力并不是以一个整体的形式存在，更是作为独立的模块分布在个体的不同认知领域和知识分类中。根据加德纳的理论，这些智能包括：言语智能、逻辑—数学智能、空间智能、身体运动智能、音乐智能、人际关系智能、自我认识智能和自然观察智能。

（一）言语智能

言语智能是关于个体如何有效利用口头和书面语言的一种能力，具体包括听、说、读、写四个方面。这种智能使个人可以以流畅且高效地使用语言来描述各种事件、表达自己的思想以及与他人进行有效交流。在多种职业中，特别是作家、演说家、记者、编辑、电视或广播节目主持人、播音员和律师等，言语智能的重要性尤为突出，这些职业往往要求个体具备出色的语言表达能力和处理信息能力。

（二）逻辑—数学智能

逻辑—数学智能涉及个体对事物进行推理和逻辑分析的能力，主要表现为准确判断事物间各种复杂关系的能力。这包括识别因果关系、对比和逻辑联系，以及深入分析事物内在联系的思维技巧。具备高度发展的逻辑—数学智能的个体，在未来职业生涯中往往适合担任科学家、心理学家、物理学家等职业。在这些职业中，能够对信息进行深入逻辑分析并作出科学判断是基本要求。

（三）空间智能

空间智能主要强调人们在对色彩、线条、形状、形式以及空间的理解和应用方面的敏感度。此种智能使个体能够高效地感知、辨识、记忆和变换各种物体在空间中的相对位置，并利用这种能力来表达自己的思想和情感。具体来说，空间智能体现在对线条、形状、结构、色彩和空间关系的高度敏感，以及能够通过绘画或立体造型技术将这些元素表现出来的能力上。个体能够精确地感知视觉空间，并能够将感知到的信息以图形或模型的形式表达出来。通常具备此类智能的人在学习和思考问题时，更倾向于使用图像和视觉场景。空间智能可以进一步细分为形象的空间智能和抽象的空间智能两大类。形象的空间智能通常是画家和视觉艺术家的强项，他们擅长使用具体的视觉形象来进行创作。而抽象的空间智能则是几何学家和某些科学家的特长，这种智能使他们能够在脑海中构建和操作抽象的空间结构。建筑学家通常具备空间智能，能够将抽象的设计概念具象化，并设计出既美观又实用的建筑作品。

（四）身体运动智能

身体运动智能涉及使用整个身体以及各种身体技巧来表达思想和情感的能力。这种智能不仅包括通过身体语言或动作表达自我，还包括使用手部精细动作来操控物体的技巧。具体表现为在运动中展现出的平衡感、协调性、敏捷性、力量、弹性和速度等方面的特殊能力。此外，身体运动智能包括通过触觉感知和响应外界刺激的能力。例如，手工艺人通过其精湛的手工技能创造出精美的工艺品；舞蹈家通过舞蹈动作传达强烈的情感和故事；运动员通过对身体极限的探索和挑战，展示出超凡的体育才能；外科医生需要极高的手术操作精确度和协调性，这些都是身体运动智能的具体应用。这类智能使个体能够在其专业领域内，通过身体的精细控制和协调，达到艺术或技术上的高度成就。

（五）音乐智能

音乐智能涉及个体对音乐元素的高度敏感性，包括音调、节奏、旋律和音色。这种智能不仅使人能够感知这些元素，还能精确地辨别和表达它们。在实际应用中，这种能力对于作曲家、演奏家、歌唱家、音乐评论家以及调琴师等音乐专业人士至关重要，他们利用这种智能来创造和演绎音乐作品，评价音乐的细微差别，并进行音乐的修复和调整。

（六）人际关系智能

人际关系智能是关于理解和与他人有效交往的能力。它不仅涉及普通的社交技巧，还包括能够细致观察他人的差异、情绪、意图、动机和个性。具备这种智能的人能敏感地捕捉到他人的脸部表情、声音音调和身体语言，并能洞察他人可能试图隐藏的意图或期望。他们因此能够在社交互动中作出恰当的反应，提供适时的支持或反馈。这种智能在教师、社会工作者、心理咨询师、演员以及政治家等职业中尤为重要，因为这些职业需要高度的人际敏感性和适应能力。

（七）自我认识智能

自我认识智能是指个体对自我有深入的理解和认识的能力。这包括意识到并理解自己的情绪、意图、动机、脾气和欲望，以及具备自律、自知和自尊的能力。拥有这种智能的人能够有效地评估自己的内在状态和外在行为，从而更好地规划和指导自己的生活和职业道路。这种自我洞察力是自我发展和自我完善的基石，对于任何追求个人成长和实现自我价值的人来说都是不可或缺的。

（八）自然观察智能

自然观察智能主要是指人类能够观察并理解自然界中各种形态和现象的能力，包括对物体的辨识、分类以及对自然或人造系统的深入洞察。这种智能使人们能够细致地观察周围环境，理解和预测自然规律，以及将自然界的元素与人文世界相联系。这项智能包括观察的敏锐度、对细节的反映，以及对信息的联结和条理化处理。它在各种专业人士如植物学家、猎人、生态学家、考古学家、农业技术员、动物饲养员以及庭院设计师中表现尤为显著，他们通过这种智能以特别的方式与自然世界互动。

霍华德·加德纳在多元智能理论中提到，人类拥有八种基本智能，这些智能在大脑中有相应的神经生理基础。尽管这些智能在功能上相对独立，但它们实际上在处理问题和任务时常常相互作用和支持。加德纳强调，智能的运作总是组合式的，在日常生活和问题解决过程中，成年人通常会同时运用多种智能。此外，虽然每个人可能在某一类型的智能上表现更为突出，但为了全面的个人发展，培养各种智能仍然十分关键。特别是对于学生而言，全面发展每种智能都是必要的，而那些相对较弱的智能领域可以通过加强练习得到提升，从而成为个人能力的有益补充。在加德纳的多元智能理论框架下，每种智能都是平等重要的，每个个体都拥有独特的智能组合和表现方式，这使每个人都能以自己独特的方式对社会和人类文化作出贡献。

三、多元智能理论的特点

（一）注重多元性

在当前社会的快速多元化发展中，社会对个体能力的要求也随之提高。在教育领域中，多元智能理论的运用越发显得重要。教学实践中，教育者应对这八种智能均予以充分的重视和平等的培养，以促进学生的全面发展。

（二）强调独立性

虽然多元智能理论强调每种智能在功能上的独立性，它们在实际应用中却常常相互影响，彼此交织。每个人的智能构成都具有独特性，这种差异性源于遗传因素与后天环境的双重影响。教学实践中，应认识到每个学生智能的独特组合，并通过个性化教学策略，激发和培养学生各自的潜能。这种教学方法有助于学生认识和发展自身的独立智能，并理解智能之间的内在联系，更好地适应社会多样性的要求。

（三）突出实践性

在现代教育中，强调个体通过运用各种智能来解决实际问题的能力显得尤为重要。这种能力不仅限于基础的知识应用，更关键的是能够让个体在面对生活中的复杂挑战时，如何有效地运用自身的智能资源去分析和解决问题。例如，通过不断的实践和挑战，每个人都可以在解决问题的过程中发现新的知识与技能。此外，提升智能的过程需要持续地实践和训练。例如，提高身体运动智能（身体—动觉智能）需要有计划地安排锻炼时间，而提升人际关系智能则需要通过频繁的社交活动来增强个人的交际能力和解决人际问题的技巧。

（四）重视开发性

要全面提高个体的多元智能，不断地磨炼和开发是关键。个人需要积极探索和发掘自己的潜在智能，以便更好地适应多变的社会环境。在这一过程中，建立一个支持性的教育体系和合理的评价标准是必不可少的。这样的系统不仅能提供有效的教育方法和手段，而且能帮助个体系统地提升其智能水平。在学校教育层面上，学校应成为发掘和开发学生智能潜力的关键场所。教育者们应重点关注学生的智能多样性，通过细致的观察和指导，帮助学生识别并发展自己的独特智能，进而促进其全面发展。

第四节　个性化学习

个性化学习强调通过全面评估来发现并解决学生的特定学习难题，这种评估考虑到了孩子的全方位特点和需求。基于这种评估，教育工作者可以为每一位学生定制专属的学习策略和方法，确保这些方法能够针对学生的独特需求进行优化，从而提高学习效率。每个学生都拥有独一无二的天赋、兴趣以及固有的优势，也存在个别的短板和挑战。因此，解决学习问题时，采用个性化的教学方法来适应每位学生独特的学习需求显得尤为重要。通过这种方式，我们不仅能帮助学生克服学习上的困难，还能激发他们的潜能，发挥他们的优势。

一、个性化学习的概念界定

在探讨"个性"这一概念时，各学科领域对其有着不同的解释和理解。在哲学领域，个性被视为共性的对立面。具体而言，个性是一种区分个体与他人的本质特征，包括其稳定的心理和思想属性。这些特征综合了个人的气质、价值观念、需求及能力等多方面因素。从心理学的视角来看，个性描述了一个人在多种环境下表现出来的独特心理特征，这些特征相对稳定，并显著影响个体的行为模式，无论是外显的行动还是内隐的思考模式。社会学则将个性视为个体心理和社会因素共同作用的产物。在一个多元化的社会中，每个个体都展现出与众不同的特质，而这种个性的显现往往需要社会这一平台以凸显其特色。简而言之，人的个性体现为个人在思维、性格、情感和态度上的独特性，这种独特性通过个人的行为、情感表达和言语方式得以体现。

每个人都拥有不同的个性，这种个性随着个体的成长和所处环境的变化而持续演变。在教育领域，个性的概念尤为重要，教育者着重通过教育实践来促进学习者个性的发展。教育中的个性化发展强调将学习者的个人特征进行有效整合，并根据每个学习者在不同学习阶段的具体需要来调整教学策略，以促进每位学生的全面发展。因此，教育不仅是知识的传授，更是对学习者个性化需求的一种响应和满足，旨在帮助每个学生发掘和强化自身的独特个性。

二、个性化学习的特征

（一）个性化学习的独特性

个性化学习理念认为每位学生都是独一无二的个体。学生之间存在显著的个体差异，包括他们各自独特的认知特征、兴趣爱好、愿望和渴求、价值取向以及创造性潜能。这些因素共同构成了每个学生独特的个性。在个性化教育的实施中，识别并发掘学生的潜力，促进他们个性的全面发展成为教育者的关键任务之一。为了实现这一目标，教育活动的设计不能简单地采用单一教学方法对待所有学生。教育者应深入了解每位学生的个性化特点，并据此采取因材施教的策略，以期达到最佳的教学效果和育人效果。对教师而言，精确地掌握每个学生在各个方面的差异无疑是一项极具挑战的工作。我们的个性化学习系统旨在辅助教师，在学习过程中直观地捕捉并应对学生的独特特征，这也体现了开发和研究个性化学习系统的重要意义。

（二）个性化学习的主体性

个性化学习强调学生的主体地位，将学生的个性和兴趣放在教学活动的中心。个性化学习理论不仅重视学生在学习过程中的主导作用，还关注每位学生独特的学习需求和表现。在这种教学模式中，教育内容的选择与学生的兴趣爱好及其当前的学习状态紧密相联，这种匹配有助于最大限度地发挥学生的主观能动性。通过这种方式，个性化学习旨在通过激发他们的学习热情，促使他们成为自己学习路径的设计者和实践者。这种教学变革不仅提升了学习效率，还促进了学生对知识的深层次理解和长期记忆的形成。学生通过探索与自己兴趣相符的学习内容，更加积极地参与到学习过程中，从而实现真正意义上的自我教育和持续发展。在个性化学习的理念指导下，教育变得更加灵活和富有成效，真正做到了因材施教，让每位学生都能在其最适合的环境中茁壮成长。

三、个性化学习的目标及意义

个性化学习正逐渐改变我们传统的学习模式，预示着未来教育的发展方向。这种学习方法强调以明确的学习目标为核心，确保学习活动的效果能够达到预期的教育成果。学者牟智佳指出，个性化学习的核心目标是促进每位学习者的有意义学习。

在个性化学习的框架下，学生可以根据自己的学习现状选择适合的学习内容，从而更有效地掌握知识。这种方法提供了一种更为紧密的交互反馈机制，通过多维度的支持和服务，帮助学生主动构建和完善自己的知识体系。个性化的支持服务不仅限于学术知识的传授，更包括对学生学习方法和思维模式的培养，只有这样，学生才能在学习过程中形成更为独立和创新的思考方式。

四、"人工智能"下的个性化学习

在当今快速发展的"互联网+"时代、智能化学习时代以及"信息技术+教育"时代的背景下，个性化学习正逐渐由一个遥不可及的理想转变为现实。这种转变标志着个性化学习正在逐步成为我们这个时代的一个显著教育特征，越来越多地影响着教育的方方面面。

个性化学习的实践是学习者规划未来发展的关键步骤之一。在这一过程中，服务网络的建立发挥了至关重要的作用。这种网络不仅提供了必要的支撑和指导，还为学习者的成长创造了期望和机会。服务网络可以为学习者提供定制的个性化学习服务，有效支持他们的自主发展。

在这样的个性化学习服务理念的指导下，未来的学习预测将能够根据学习者的表现提供更加精准的个性化学习反馈。这种反馈主要分为两大类：首先，预测学习者在学习过程中的成败表现以及学习成绩等结果性信息；其次，根据学习者的学习成果和个性特征，提供针对性的个性化学习建议。这些建议包括学习内容的推荐、合适的学习互动群体的推荐以及针对性的学习练习的推荐。通过这样的服务，预测结果不仅停留在为学习者提供初期的学习预警，更是逐步转化为具体的学习改进措施。这种转变极大地增强了个性化学习的适用性和效果，使其成为推动现代教育进步的一股不可忽视的力量。

第五节　智能化学习

　　智能化的概念涉及多种高端技术的综合应用，包括现代通信与信息技术、计算机网络技术以及智能控制技术等。这些技术的汇集旨在针对特定领域的需求，提供精准的解决方案。在智能化社会的背景下，不再需要大量熟练的操作生产流水线的标准化劳动力。相反，智能社会强调的是适应知识经济的要求，培养具备创新能力的复合型应用人才。在教育领域，云端化技术已经开始改变教育资源的存储与管理方式。这种变革不仅使网络化的教学资源更易于被获取，而且促进了教育资源的重复利用，并极大地提升了教育资源的价值和使用效率。云端化的教学资源可以为学生提供更丰富的学习内容，增强学生的自主学习能力，打破传统的时间和空间限制。例如，成千上万的用户可以共享同一个应用系统，这不仅提供了更广泛的学习机会，还促进了学习资源的均衡分配。同时，教师能够实时监控教学资源的更新和使用情况，促进教育工作者之间的沟通与交流。这种动态的资源管理方式鼓励教师不断刷新和完善教学内容，促进现代化教学模式的构建。总体而言，云端化不仅优化了教育资源的管理，也为现代教育系统带来了前所未有的灵活性和效率。

一、智能化学习的概念界定

　　智慧的综合表现产生了多样的行为和语言，这种行为与语言的综合表达过程则被定义为"能力"。智慧与能力的结合体共同构成了我们所理解的"智能"。智能的特征通常可以归纳为以下几个方面：首先，智能体现为具有高度的感知能力，这不仅意味着能够对外部世界进行有效感知，还包括获取和处理外部信息的能力。这种感知能力是智能活动发生的基础，也是其进行的必要条件。其次，智能还包括记忆和思维能力。这涉及将感知到的信息储存起来，并将其转化为知识。此外，智能还能运用已有的知识对新信息进行一系列复杂的处理过程，如分析、计算、比较、判断、联想和决策。再次，智能体现在学习能力和自适应能力上。这意味着智能能够通过与环境的互动，不断地学习和积累新的知识，从而使自身能够适应不断变化的外部环境条件。最后，智能还具有行为决策能力。这包括对外界刺激的反应，以及基于这些反应形成的决策和传达信息的能力。拥有上述所描述的特点的系统，我们称之为智能系统或智能化系统。这些系统通过模拟人类的认知过程，展现出与人类相似的感知、记忆、学习和决策能力，从而能够在多种情境下作出适应性强的反应。

在当今智能化社会中，智能化学习的发展得益于网络技术、大数据、物联网以及人工智能等多种先进技术的集成应用，这些技术共同作用于教育领域，有效地满足了人们多样化的学习需求。教育内容的核心是根据社会的生产力水平及科学与文化的进步水平，系统地向学生传递科学知识、技能，同时灌输正确的思想观点，培养良好的习惯与行为模式。在这样的背景下，智能化社会对学校教育带来了前所未有的影响。学习者可以通过网络平台接触到丰富的知识资源，使技能训练、思维能力的锻炼以及个人能力的提升成为学校教育的核心。随着社会的发展，学校教育系统作为社会更大系统的组成部分，其变革与进步与社会的其他要素紧密相连，相互影响。智能化社会不仅为学校教育设定出新的历史任务，也对教育系统的各个方面提出了挑战。这包括创建一个集虚拟与现实相融合的智能化教学环境、利用智能化学习资源、实现无缝学习的方式、建立动态可伸缩的学习型组织结构、培养具备多重角色能力的教师队伍及开发基于数据分析的学习评估系统等。这些都是当前及未来学校教育的发展趋势。此外，移动互联网的广泛应用和大数据技术的持续发展推动了教育活动的革新。

二、智能化学习的特征

美国新媒体联盟的《2015 地平线报告（高等教育版）》中指出，智能化具有智能感知、个性化、预知性、动态平衡、智能化评价等特征。

（一）智能感知

通过应用智能感知技术，教育者能够实时捕捉和分析学生在学习过程中展示的知识结构、掌握水平及情感状态。这种技术使教师能够根据学生的具体需求，调整教学策略，从而优化学习体验。智能感知的深入应用不仅使学习过程变得更为高效，而且通过精确的数据分析，帮助学习者更有效地理解和吸收新知识。

（二）个性化

个性化学习依赖于对学习者在学习过程中所表现出的知识能力和认知风格的深入追踪与分析。通过集成学习分析和个性化推荐技术，教育系统能够为每位学生定制一条最佳学习路径，包括推荐适合的学习资源、学伴以及认知工具。此外，系统提供针对性的问题解决和指导服务，通过对行为和成果数据的持续分析，准确评估个性化学习的效果，确保每位学生都能在最适宜的环境中发展其潜能。

（三）预知性

在教育过程中，通过详尽记录学生的考试和练习过程，包括每个问题的解答细节、用时、解题速度和思考暂停等，再运用大数据和智能算法对这些数据进行深入分析。这种预知性分析能够有效预测学生可能遇到的学习障碍，让教师能及时调整教学计划和个性化学习进度。同时，利用文本挖掘和大数据分析技术，实时监控学生的学习行为历史，预测潜在的学业危机和心理问题，及时提供科学的解决方案和调整建议，帮助学生维持良好的学习状态，促进其整体学业成长。

（四）动态平衡

在教育领域，动态平衡是指学习者的知识能力与其面临的学习挑战之间保持一种持续的适应状态。当学习者发现自己的知识和技能与学习需求不匹配时，他们可以利用一系列智能化工具来解决这一问题。通过运用体感技术、动作捕捉系统、数据挖掘技术、眼动追踪装置以及学习监测工具,教育者能够实时捕捉和记录学习者的学习数据。这些数据随后被用来分析学生的认知水平和兴趣偏好,从而推送最合适的学习资源和工具,满足学习者不断变化的个性化需求,实现真正的动态平衡。

(五)智能化评价

在未来的学术研究中,智能化评价技术将扮演关键角色。研究者将依靠大数据学习分析工具和 ACTS 学业评价技术,对学生的学习成果进行深入的检测与评价。此外,借助知识可视化技术,教育者不仅能表现学生的思维过程,还能进一步深化学习数据的分析。基于情境认知理论,我们知道知识的形成是个体与社会互动的结果。通过可视化交互学习过程中的知识共建与共享行为,不仅能促进同伴之间的思维可视化,还能深化学习者之间的思想交流,从而推动教育的进步和创新。

三、智能化学习的目标及意义

智能化教育已成为高等教育在"互联网+"时代不可逆转的发展趋势。这一趋势主要通过综合运用新兴信息技术来实现智慧化校园的构建,涵盖了云计算、物联网、大数据和移动互联网等多种先进技术。这些技术的融合不仅推动校园管理和教学方式的革新,更助力于构建一个网络化、现代化的教育环境,形成具有时代特色的新型校园形态。通过这种智慧化转型,高校能够更有效地管理资源、优化教育质量并增强学习体验,从而适应新时代教育的需求和挑战。

四、"人工智能"下的智能化学习

大数据技术通过"量化"的方式,实现学习数据的全面数字化,从根本上革新了人们认知和理解知识的方法。这种技术通过详细采集用户的学习活动数据,使教育者能够深入了解学习者对学习内容的需求以及他们的个人学习习惯。基于这些全面的数据，可以进行深入的学习分析，这些分析结果将为学习策略的选择和调整提供重要参考，从而实现为用户提供定制化的分析和判断，并以人性化的方式进行推送与服务。此外，这些研究成果还可以被国内的开放大学、高等院校以及网络学院等在线教育培训机构采纳，推动教育评价体系从传统的"经验主义"向以数据为基础的"数据主义"转变。通过全面跟踪和掌握学生的学习行为、学习过程及其特点，我们可以优化教学方法和质量，实现对教育质量的有效监控与反馈，从而有效推进我国教育信息化的发展进程。

在教育领域内，不断地融入和应用新事物对于教育的深入发展至关重要。随着互联网、物联网、数据处理等新兴信息技术的快速发展，未来的高等教育需要在保持其传统优势的基础上，积极探索与这些新兴技术的融合与创新。这不仅需要教育者和技术开发者之间的紧密合作，还需要加强跨学科的整合，以实现教育模式的创新和优化。

五、智能化学习下的变革——以智能化钢琴为例

在云计算的时代背景下，众多传统行为不可避免地面临着重大变革。随着技术的不断发展，智能化钢琴的发展前景显现出不可逆转的势头。具体来说，智能化钢琴主要涵盖了钢琴的智能化自动演奏功能和通过互联网连接实现的学习辅助功能。这种新型钢琴与传统钢琴演奏和教学模式有着本质的不同，它不同于单纯的电子钢琴，而是一种深刻融合了用户体验的智能化发展趋势。在传统的钢琴教学中，通常更多地强调学习者的天赋、刻苦训练以及长时间的磨炼。然而，智能化钢琴的出现改变了这一模式，它使学习者能在短时间内通过高效率的训练快速体验到弹奏钢琴的成就感。

传统钢琴的学习和教学常常是通过一对一的面对面教学完成。在云计算的大潮中，智能化钢琴改变了这一教学模式。智能化钢琴通过互联网和云计算技术，为用户提供了包括在线视频教程在内的多样化的现代教学方式，从而大大提升了学习的便利性和可接触性。

智能化钢琴在云计算时代的广阔发展前景，不仅体现在技术的智能化趋势上，

更体现在其为传统钢琴教学带来的种种便利、自由以及经济效益上。智能化钢琴符合科技以人为本的基本理念，即通过科技提供更高效、更便利、更人性化的服务。基于云计算的智能化钢琴不仅展示了这些显著特点，还在市场上产生了可观的经济价值，预示着其深远的发展潜力。

第六节 智慧教育环境

随着科技的飞速进步和教育理念的深刻变革，现代教育系统正在经历一场前所未有的转型，逐渐向智能化、个性化、精准化及泛在化的未来方向迈进。在这一背景下，教育学领域的研究专家纷纷探索并提出了以智慧教育为核心的多种创新教育模式。这些教育模式包括智慧校园、智慧课堂、智慧教学、智慧学习、智慧学习环境以及智慧学习资源等。这些新兴的概念旨在通过高度整合技术和教育，实现教学活动的最大化效率和效果。教育领域的这种智慧化转型不仅需要教师和学生的适应，更依赖于先进技术的持续创新和支持。在这个过程中，各种技术的更新换代成为推动教育现代化不可或缺的驱动力。特别是人工智能技术，它在智慧教育时代扮演了极其关键的角色。智慧教育的实施，如教育机器人的应用，提高了教育的质量和效率，极大地推动教育的个性化和精准化。因此，随着技术的不断进步，智慧教育的概念和实践正在逐步成熟和普及。这种教育方式通过精确分析学生的学习需求和行为模式，能够提供更为精准的教学策略和学习资源，从而实现教育资源的最优配置和教育效果的最大化。未来，随着技术的进一步发展和教育理念的持续革新，智慧教育将更加广泛地影响人们的学习方式和教育环境。

一、智慧教育环境的概念界定

智慧教育环境的发展代表了传统教育环境向智慧化转型的趋势。要全面理解智慧教育环境，我们需要明确几个基本概念：环境、教育环境，以及它们在智慧教学中的应用。环境通常指所有能对主体产生影响或驱使主体产生某种行为的外界情况和条件。在教育领域，教育环境特指那些能直接或间接影响学习者行为和学习效果的各种因素。更具体地说，学习环境是指一切围绕学习者并对其学习过程产生影响的环境因素。这些因素包括物理环境，如学习空间的布局、设施配备，以及心理环境，如学习者的情感状态、社会互动等。学者认为，一个完善的学习环境不仅应涵盖物质的物理环境，还应包含学习者的心理与社会环境，这些环境因素共同构成了一个促进或可能限制学习活动的复合体。这种综合环境使学习者能在适宜的外部条件和内心状态下更好地吸收知识，发挥潜能。

总的来说，智慧教育就是为学生营造智慧学习环境，教师结合课堂内容智慧教学，让学生能够发挥最大潜能，成为有思想、有能力的人才。

二、智慧教育环境的特征

在现代教育信息化的背景下，由IBM公司首次提出的"智慧地球（Smart Planet）"概念衍生出了"智慧教育"的理念。该理念主要强调利用先进的信息技术来革新传统教育模式，实现教育资源的优化配置和教学方式的创新。IBM公司在其提议中特别强调了五个关键点，包括：第一，以学生为中心的教育模式；第二，实时的数据分析和统计处理；第三，高效的管理集中制；第四，丰富多样的互动体验；第五，广泛的资源共享机制。

在这一框架下，我们进一步认为智慧教育不仅是一个涵盖了先进教育理念和信息化技术的集成体，它还具有多种显著特征。这些特征包括智能感知技术的应用，自动化建模的能力，资源的有效组织与适配，以及服务的主动推送机制。此外，智慧教育还注重适应每个学生学习差异的个性化教学，强化协作性学习环境，以及促进教育社群化发展。通过这些多维度的功能，智慧教育为学生提供一个更加高效、互动和个性化的学习环境。

（一）智能感知

为了准确区分不同类型的学习模式，如正规学习与非正规学习、有意愿的学习与随意性学习，可以根据一系列特定因素来进行评估。这些因素包括学习活动的持续时间、使用的学习资源是否具有系统性等。此外，学习者本人也可以根据自身的需求和偏好来选择适合自己的学习目标。在学习状态感知方面，通过采集学习者的生物特征信息，如面部表情、眼球运动，以及通过可穿戴设备检测的生理参数等，可以有效地监测学习者的情绪状态变化。此外，物理环境感知技术，如传感器、全球定位系统（GPS）、无线射频识别（RFID）以及智能水电控制系统等，也被用来获取学习环境的温度、湿度、噪声水平和光照强度等关键信息。这些技术手段都为创建一个有利于学习的环境提供了强有力的支持。

（二）自动建模

为了提升智慧教育云服务引擎在精准识别学习者的感知信息并根据这些信息提供有效的服务反馈的能力，我们必须对学习者及其学习环境中的各种感知信息特征进行更深层次的提取和分析。这一复杂过程需要建立一种抽象的表征方式，该方式不仅要满足计算机系统的处理标准，还要能准确地反映学习者的当前状态。我们通常将这一关键过程称作"建模"。目前在学习者建模的领域已有不少研究，这些研究大多集中在特定的感知场景中。然而，智慧学习环境的特殊性、学习模式的多样性以及时间、空间与个体之间的复杂相互作用，均增加了实现技术突破的难度。因此，为了有效应对这些挑战，我们需要探索更加灵活和广泛的建模方法，以便更好地适应不断变化的学习环境和个体化的学习需求。

（三）资源的组织与适配

智慧学习设备作为一种先进的技术工具，集成了智慧学习客户端和多样的学习工具，是一款综合性的学习装置。其具备全面的网络接入功能，还能实现与智慧教育云的无缝交互，确保了教育资源的最大化利用和信息的实时更新。根据具体的学习目标和所处的学习环境，智慧学习设备的形态具有灵活性，既可以是便携式的，方便学习者在不同场合下进行学习，也可以是固定式的，提供更为稳定和全面的学习体验。此外，这些设备也是学习者连接智慧教育云并进行有效学习交互的关键接入层。通过智慧学习设备，学习者能更加便捷地获取教育资源，有效提升学习效率和质量。

（四）服务主动推送

基于人工智能技术，智慧教育环境能够根据学习者的具体需求和特性，主动推送最适合的学习资源，并实时提供反馈与鼓励，有效提升学习者的学习效果。此外，智慧教育环境引导学习者按照合理的学习节奏进行学习，确保学习过程既高效又舒适。在学习分析技术的支持下，利用高级分析引擎对学生的学习进展进行实时监控，为每位学生的学习旅程提供精确的个性化指导。这种智能指导帮助学习者在设定的学习路径上有效地解决问题并完成学习任务，从而实现教育的最大化成效。

（五）适应学习的差异化

智慧教育环境融合了物理空间和虚拟空间，为学习者提供了一种全新的学习体验。这种环境不仅将物理与虚拟元素有机结合，而且更有效地适应了学习者的个性化需求，为他们提供定制化的学习支持和服务。在这样的教育环境下，个性化学习服务成为教育发展的重要趋势。根据这一理念，未来的学习环境将能够通过智能化的分析预测技术，预测学习者的学习表现，包括他们的成功与否、学习成绩等结果性信息。这种智能化学习环境不仅停留在成绩预测，还根据学习者的具体学习成果和他们的个性化特征提供反馈。这种个性化反馈包括多个方面：首先是学习内容的推荐，它根据学习者的掌握情况和兴趣调整教学内容；其次是学习互动人群的推荐，这可以帮助学习者找到合适的学习伙伴，促进有效的学习交流；最后是针对学习者的个性和需求定制的学习练习推荐。这些综合的反馈措施将预测结果从简单的学习预警转变为具有操作性的学习改善策略，旨在提高学习者的整体学习效果和满意度。

（六）协作性和社群化

在当今数字化时代，智慧教育环境的构建成为教育变革的重要趋势。该环境是基于智慧教育及学校形态系统变革的深入发展而形成的。它不仅是技术的应用，更是对课程、教与学、管理以及评价等核心教育活动的全面重构。通过运用最新的信息技术，如云计算、物联网、大数据和移动互联网，智慧教育环境致力于创造一个智能化的校园文化氛围。这些技术的综合应用,不断推动着教育模式向网络化和现代化的方向发展,从而打造出一种全新的、符合现代教育需求的校园形态。这种新型的校园环境,不仅优化了教学和学习过程,也极大地提高了教育管理和评价的效率和质量,实现了教育活动的高效与创新。

智慧教育遵循"知行创"合一的基本理念,充分吸收学习科学、人工智能等研究成果,实现教育思想理念、技术方法的变革与创新。

三、智慧教育环境的目标及意义

智慧教育环境利用先进的学习、教学、管理以及资源优化的理论和方法,构建出一个高效的学习生态系统,精准感知学习者的学习目标和学习状态的变化,实时监测物理环境和学习历史,从而为每位学习者定制最合适的教育体验。此外,它能有效地识别每位学习者的独特需求和当前的学习情境,进而灵活地生成和调整学习任务及活动,以最适合学习者的方式进行教学。通过智慧教育环境的综合应用,学习者可以获得针对性的教学服务、丰富多样的学习资源以及有效的学习工具,这些都是帮助他们更好地适应和融入学习社区的关键因素。该环境还具备智能调整学习设置的能力,如温度、光线等物理环境参数,以及学习资源的分配,确保学习效果的最大化。智慧学习的核心优势显著,在于它的高度个性化和灵活性。智慧学习不仅满足了学习者行为的多样性,而且赋予了学习者更大的自主学习能力。智慧教育环境通过精确匹配学习者的实际需求,极大地提高了学习的效率和效果。此外,这种环境还激发了学习者的创新潜力和批判性思维,是培养未来具有挑战应对能力的学习者的重要工具。总体而言,通过打造智慧教育环境,可以有效培育出具备独立学习能力的学习者,并且促进他们的创新思维和问题解决能力,为面向未来的复杂挑战做好充分准备。

四、"人工智能"下的智慧教育环境

在现代教育体系中,学生的学习过程被描述为从初步发现知识开始,逐步获取并深入理解这些知识,之后将所学知识转化并应用于实际情境中,最终达到

知识创造和有效利用的阶段。这一过程是连续不断、螺旋式上升的。随着人工智能技术的不断进步,特别是人工智能网络技术的成熟,我们见证了教育领域的一系列变革。这些技术的集成不仅极大地改善了学习环境、提升了教育效率,也推动了继续教育的质量全面提升。在智慧教育环境中,以学习者为中心的教育模式变得尤为重要。通过在线学习平台和互动式课堂,教育工作者能够更好地利用海量的学习数据,探索和理解学习行为的内在规律,从而优化教学方法和提高教学效果。

为了充分发挥人工智能在教育领域的潜力,需要从多方面着手加强支持。这包括增加财政投入,加快教育人员的培训,建立专门的技术研究团队,并与先进的研究机构建立合作关系。通过这些措施,可以使教育服务更加人性化,更好地体现以人为本的教育理念。

第三章　人工智能教育应用的实践研究

随着技术的飞速发展，人工智能技术在教育领域的应用日益广泛。这种技术能够利用学习者在教学过程中累积的丰富数据资源，进行深入的分析和预测，精确地评估学习者未来的学习表现。通过这种方式，人工智能不仅能深入挖掘出学习者的具体需求，还能智能地推荐与个人学习需求最为匹配的教学内容和资源。这一过程极大地提升了教学资源的使用效率，显著提高了学习者的学习成效，实现了教学活动的高效化和个性化。这表明，人工智能技术的深入整合与应用，正在逐步改变传统教育模式，为教育行业带来革命性的变革。从人工智能教育应用实践角度，本章主要介绍了适应性反馈的角色分类和实现形式、智能教学系统的情绪感知和自动化测评、学习分析技术下的适应性学习、扩展现实支撑的沉浸式学习、人机协同教学推动实现智能教育。

第一节　适应性反馈的角色分类和实现形式

一、适应性反馈的角色分类

智能教学系统能提供多种多样的反馈类型，极大地丰富了教学互动的方式。在登普西和萨莱斯合著的著作《交互性教学和反馈》(*Interactive Instruction and Feedback*) 中，详细地总结了反馈在教学过程中所扮演的各种角色（表3-1-1）。

表 3-1-1　反馈所承担的角色

角色	解释	反馈示例
Direct	说明要做的行为	"在要学习的内容上点击鼠标"
Inform	指明学习者对学习内容的理解	"正确"
Instruct	促进学习者对学习内容的理解	"你刚才的回答不正确，在看教学视频时请注意这个原理是如何被解释的"
Motivate	提供鼓励或批评	记录学生进步的仪表盘向前转动，或者响起愉悦的音乐
Stimulate	促进学习者继续	当学习者暂停与系统的交互一段时间之后，系统响起铃声提醒学习者继续学习
Advise	提醒学习者当前的学习状态与期望目标间的差距	"要想继续下一步的学习，请先对以下三个问题作出回答"
Summarize	对学习情况的简要总结	"你已经完成了80%的练习题"

在深入研究当前智能教学系统的过程中，我们注意到如表3-1-1所示的七种角色仍然保持其重要性。随着人工智能技术的持续进步，这些系统在学习水平诊断、学习路径规划以及学习内容推送等关键功能方面表现出了显著的增强。特别是在近年来，智能教学系统所提供的反馈已在形式和内容上经历了彻底的变革。

首先，从反馈的形式来看，传统智能教学系统主要依赖文本形式进行反馈，但现代系统已经广泛采用自然语言处理、图形图像及其他多样化的表达方式。更进一步，这些系统通过智能代理（或称为虚拟化身）与学习者进行互动对话，增强了交互的直接性与个性化。如果将虚拟现实技术融合进智能教学中，反馈的形式可以进一步发展，直接调整学生的触觉和视觉环境，为学生提供一个更为沉浸式的学习体验。

其次，关于反馈的内容，智能教学系统通过运用多模态学习分析技术，能够精确地分析学生的学习状况，并提供细致和针对性的反馈。例如，系统不只是反馈学生在测试中的表现，如正确率，还会具体指出学生可能需要复习之前章节的哪些特定内容以加深理解和记忆。这类反馈不仅向学习者显示他们当前的学习进度，更重要的是，它还提供了极具针对性的学习建议和内容推送。

在适应性反馈方面，智能系统正在逐步提升其能力，以便更好地增强学习者的触觉感知。关于内容推送，智能教学系统不只局限于传统的学习内容推送，还扩展到推荐合适的学伴，增强了学习者对自身学习状态的感知和管理能力。通过整合这些先进的功能，智能教学系统不仅有效地促进了个性化学习，还推动了教育领域的创新与变革。

二、适应性反馈的实现形式

（一）应用增强现实提升学习者的触觉感知

在现代外科手术中，操作失误可能引发严重后果，因此高质量的训练显得尤为关键。传统的教学方法，如通过资深外科医生在解剖室和手术室的直接指导，虽然行之有效，但是难以满足快速增长的培训需求。因此，引入虚拟现实和虚拟仿真等现代训练手段变得越来越重要。特别是随着触觉技术（Haptic Technology）的发展，将触觉反馈集成到虚拟现实中已成为可能，大大增强了外科手术培训的实效性和互动性。"墨尔本大学 Pardos 和 Meyer 等学者引入了颞骨手术模拟器的智能教学系统"[1]。

---

[1] Wijewickrema S, Ma X, Piromchai P, et al.Providing automated real-time technical feedback for virtual reality based surgical training: is the simpler the better？ [C].International Conference on Artificial Intelligence in Education, 2018, 10947: 584-598.

该系统利用虚拟钻头模拟触觉反馈，为学生提供一个直观的学习平台。通过模拟器，学生可以实际操作虚拟钻头，接收来自设备的实时触觉反馈，从而增强手术操作的深度感知和精确性。此外，学生可以使用MIDI（Musical Instrument Digital Interface）控制器来调整模拟环境的各种参数，如放大显示级别和毛刺大小，这些调整有助于学生在虚拟现实环境中更好地理解和执行手术步骤。通过这种高度仿真的VR模拟器，学习者不仅能练习中耳和内耳手术，还能切除病变组织以改善听力。

在VR颞骨模拟手术中，系统提供多种类型的自动反馈和指导，有效地培训学生掌握外科手术的不同技巧。这种技术的应用不仅提升了教学质量，也使学生能在无风险的环境中精练技能，为实际手术操作打下坚实的基础。

（二）应用历史数据给学习者推荐学习内容和学伴

及时提供教学指导对于学习困境中的学生是极其关键的。教育研究者致力于探索和应用多种数据收集和分析方法，其目的是利用广泛的数据资源和精确的预测模型来提高对学生学业风险的预测准确性。尽管现有的方法能够预测学生的辍学率，但大多数还未能有效利用历史数据进行早期预警。

2018年，一种名为迭代逻辑回归（ILR）的模型被提出，旨在通过分析学生的历史学习记录提前识别出可能在未来学期中不及格或辍学的学生。此模型的优势在于它能够整合以往的学习数据，并在实际应用中表现出较其他方法更为优越的性能指标。该模型不仅提高了预测的准确性，还在实际的数据集上进行了评估，证明了其有效性。此外，该方法提供了一个应用程序，专门为那些面临辍学风险的学生提供额外的学习支持。该模型的应用范围也被拓展到整个课程环境中，包括作业、测验和考试等多个方面，为学生提供更多实时的干预和支持。这种综合性的干预方法可以有效地发出学业预警，有助于提升学生的学习成绩和整体教育质量，从而提高毕业率。在另一个研究案例中，伊多乌和其团队探索了多种基于用户标记、用户响应以及这两者的混合方法，开发了能够预测在线学习社区StackOverFlow（栈溢出）中用户在未来五个月内提出的问题的预测模型。这些研究成果不仅加速了问题的响应时间和质量，还可用作推荐系统的一个组成部分。研究结果表明，结合用户意愿预测的方法能显著提高学习系统的预测成功率，为学习者提供更加个性化和及时的学习资源与建议。

在教育领域中，除推荐学习内容方面，还在教学、指导及其他形式的学习支持活动中，被广泛认为是优化学习环境的有效策略。通过参与同伴学习和在同伴支持的环境中学习，学生不仅能为现有的学习社区作出贡献，还能有机会创建全新的实践社区。这样的社区有助于补充传统教学方法，通过促进学生之间更频繁的互动和交流，进而增强学习体验。这种同伴间的相互作用不仅增加了信息的流通和知识的共享，还有助于培养学生的协作和沟通能力，为他们未来的学术和职业生涯奠定基础。"Potts 和 Khosravi 开发了一个名为 RIPPLE 的平台，该平台能为学习者提供个性化内容和同伴学习支持。"[1]

RIPPLE 平台是一种高度个性化的学习工具，旨在为用户提供定制化的学习体验。该平台通过分析每位学习者的知识背景，智能地建议他们建立相互学习的联系。此外，RIPPLE 平台考虑到个人的学习偏好和具体需求，能够推荐最适合的学习同伴。这种互助学习功能，使学习者可以方便地找到志同道合的伙伴，并一起创建学习会话。在这些会话中，参与者既可以提供专业的学习支持，也可以获得帮助，从而优化各自的学习过程。通过 RIPPLE 平台，用户可以接收到一个精选的推荐列表，这份列表不仅简洁明了，还特别强调与推荐学习者建立联系的便利性。通过这样的连接，学习者可以在平台上高效地扩展自己的学术网络，加深与其他学习者之间的互动和交流。

（三）应用反思性任务帮助认识学习状况

自适应反馈系统的设计初衷并不仅限于让学生被动地接收信息，其核心目标在于协助学生更深入地了解并掌握自己的学习情况。通过这种系统，学生可以对自己的学习进度和理解程度有一个更清晰和具体的认识。例如，Pailai 等研究者所开发的 KB Concept Map 系统就在这种教育模式中扮演了至关重要的角色。这

---

[1] Potts B A, Khosravi H, Reidsema C.Reciprocal content recommendation for peer learning study sessions[J]. Artificial Intelligence in Education, 2018, 20（6）: 462-475.

个先进的数字工具采用概念地图策略，不仅支持学生主动构建自己的概念地图，还能在命题级别上自动进行诊断。这种功能让学生可以在需要时修改和完善他们的概念地图，从而更有效地掌握学习内容。KB Concept Map 系统的独特之处在于其能支持学生创建多种类型的学习地图，包括形成性地图、反思型地图和延迟型地图。每种类型的地图都具备特定的功能和目的，使学习者能从多个角度评估和反思自己的学习进度。在教学过程中，教师可以利用这一工具设置具体的学习任务，通过挑选关键词并构建目标地图来展示学习材料。系统会自动追踪并分析学习材料与学生构建的目标地图之间的关系，通过关联句的形式提供反馈。当学习者完成学习后，系统所提供的反思任务将会反馈关于学习者表现的详细信息，包括学习地图的得分以及其与目标地图的重叠情况。KB Concept Map 系统的这种自动诊断功能不仅能识别出学习者概念地图的正确性，还能提供关于每个命题的正确性和置信度的详尽信息，从而设计出针对个体学习需求的反馈类型。根据 Pailai 等人的研究，这种个性化和高度适应性的教育方式，可以显著提高学生的学习成绩。他们的实验研究结果显示，这种自适应反馈系统可以让教师更准确地了解学生的当前学习状况，并且一旦学生接收到诊断反馈，他们对自身学习的认知会变得更加清晰。这验证了这种反馈方式在提升学生课堂学习成绩方面的有效性，也展示了它在现代教育技术领域中的巨大潜力。

（四）主动干预和被动反馈

利用触觉技术，学习者可以接收到传统教学模式中难以提供的触觉反馈，这种技术显著增强了感官学习的体验。同时，内容推荐系统作为一种积极的教学干预手段，它通过调整学习路线来优化学生的学习效果。此外，学伴推荐系统通过扩展学生的社交学习网络，促进了学习者之间的交流与合作。通过执行反思任务，学生能够更加明确地认识到自己的学习进展和问题，更有效地调整学习策略。智能教学系统（ITS）通过提供这些多样化和形式多样的适应性反馈，极大地丰富了教学内容和方法。然而，关于 ITS 应该更多地提供主动干预还是被动反馈，学术界仍存在较多的讨论。目前，许多学者已经对主动干预与被动反馈在实际应用中的效果进行了深入的比较和分析，旨在探索这两种方法在不同教学环境和学习需求中的有效性和适用性。通过这些研究，教育者可以更好地理解如何结合这两种反馈模式，以达到最佳的教学效果。

"Noboru 等设计开发了 APLUS 系统，该系统提供一个名为威廉州斯先生的导师指导学生完成代数知识的学习并通过测试，整个学习过程中导师的反馈主要体现为主动干预行为"。[1] 该系统首先展示了学习内容的全面概览，目的是让学生掌握解决代数问题的方法。为此，它提供了众多的示例题目，这些题目不仅有具体问题，还附带了详尽的解题参考，包括一系列的讲解视频。这样的设计旨在增强学生的理解和解题能力。除此之外，系统还整合了帮助部分，涵盖了使用该学习系统时可能遇到的各种操作性问题，这部分内容的形式类似于常见问题解答（Frequently Asked Questions, FAQ）。APLUS 平台上的虚拟导师功能十分突出，该导师图标位于界面的右下角，随时为学生提供必要的学习支持和指导。这位导师的角色包括几个关键的互动和辅助措施：首先，他会提醒学生选择他们需要学习的具体内容；其次，他会指导学生如何安排和计划即将到来的测验；在学生遇到学习瓶颈，如重复犯同一个错误时，导师会及时介入，提示学生需要复习的关键教学资源；再次，他还会为学生提供关键知识点的简要讲解和必要的学习反馈；最后，如果学生在系统操作上遇到问题，导师还会演示正确的操作步骤，确保学生能够顺利使用系统。通过这样的多维度支持，APLUS 的导师功能确保了学习过程的连续性和有效性。

上述所提到的系统为学生提供了非常详尽且及时的学习支持，这种支持是一种典型的主动干预型反馈方式。据 Noboru 的研究，这类系统被定义为元认知支持的教学代理，即 Learning By Teaching（LBT）。这种系统不仅可以实时监控学生的学习进程，而且能根据学生的学习行为提供适时的指导和反馈。与此相对应，Noboru 还开发了名为 A plus Tutor 的系统。与 LBT 系统的主动干预不同，A plus Tutor 系统采用了一种被动的反馈机制。它不会主动向学生提供反馈，而是在学生主动提出问题时，才给予必要的指导和支持。这种系统更多地依赖于学生的自主

---

[1] Matsuda N, Sekar V P C, Wall N.Metacognitive scaffolding amplifies the effect of learning by teaching a teachable agent[C].International Conference on Artificial Intelligence in Education, 2018, 10947: 311-323.

学习，因此被 Noboru 称为目标导向的学习实践，即 Goal-Oriented Practice(GOP)。这两种系统分别在美国三所公立小学中，于 2016 学年及 2017 学年进行了实地试验。试验结果表明，在经过一段时间的学习之后，采用 GOP 系统的学生组的学习成绩普遍高于使用 LBT 系统的学生组。这一发现指出，智能教学系统与学生之间的互动不必总是频繁和主动的。在智能教学系统（ITS）的设计中，确实需要为学生保留足够的自主学习空间。然而，在学生需要帮助时，ITS 作为一个教师角色的必要性也是不可或缺的。如何维持主动干预与被动反馈的平衡，在设计和实施智能教学系统时至关重要。

第二节 智能教学系统的情绪感知和自动化测评

一、应用完成自动化教学测评

（一）语音识别支撑自动化语言学习测评

在人工智能技术的众多分支中，语音识别技术近年来凭借其迅猛的发展速度脱颖而出。该技术不仅实现了声音的快速准确识别，还进一步推动了智能交互系统的广泛应用。近几年，多款代表着行业先锋的语音识别工具相继登场，其中包括由苹果公司开发的 Siri。此外，国内的多家企业，如科大讯飞和 51talk，也纷纷推出了功能强大的语音测评软件。这些先进的软件不仅支持用户进行模仿练习，而且能对用户的发音准确性进行细致的评估和反馈。以 Siri 为例，它作为苹果手机的标志性功能之一，具备接收和执行用户指令的能力，能够完成诸如发送短信、查找联系人、执行定位和搜索等多样化任务，并可进行语言翻译。这些功能显著增强了手机与用户之间的交互效率及流畅性，在很大程度上实现了对自然语言的高效理解和处理。当将这些领先的语音识别技术应用于教育系统时，它们极大地促进了教与学的互动方式。例如，教学系统可以通过这些技术自动批改作业、进行教学评估，大幅提升了教学活动的智能化水平。在语言学习领域，特别显著的是，学习者可以将课文朗读或英语发音作业以音频形式提交，系统利用语音识别技术快速地分析和评估学习者的表现，根据评估结果提供针对性的改进建议。

（二）图像识别技术促进自动化写作教学测评

近几年图像识别技术取得了显著的进展，该技术的成果不仅体现在能够精准识别清晰的机打文本上，还扩展到对模糊的非机打文本和手写文本的高精度识别。其中，语义识别的技术已经被有效地应用于写作教学领域。例如，Jennifer等研究者开发了一个旨在训练学习者写作技能的智能辅导系统。该系统内置了一个称为"The Writing Pal"的写作指导策略模型，旨在为学生提供写作话题，让他们能够根据自身的真实经验或是基于现实世界中的客观事实来展开写作。

例如，该系统可能会要求学生探讨在达成目标过程中合作与竞争的关系，并分析为了取得更大的成就，需要更多的合作还是竞争。系统提供的写作指导涵盖了七个核心策略模块，包括随笔写作、写作计划制订、引言撰写、正文编写、结论构造、核心论点的阐述以及文章的评审与修改。在学生开始写作之前，系统会展示一段时长5～10分钟的指导视频。观看视频之后，学生需要完成一个简短的测验，以检验他们对视频中讲述的写作策略的理解程度。基于这些策略建议，学生将初步构建一篇结构清晰的文章框架，再进行后续的精细修改。此外，该系统通过跟踪和监测学生的写作学习进展，确保学生在掌握了当前阶段的写作策略后，才能进入下一个学习阶段。系统还提供了丰富的游戏化写作场景，使学习过程更加贴近真实的社会互动情境。通过应用语义识别技术，系统能够对学生的作品进行自动评分并提供具体的反馈和修改建议，从而有效地提升学生的写作能力。

二、表情与手势识别等技术支持完成情绪感知

人工智能技术不仅需要准确地听懂人类的语音，更应达到能够深入理解非言语交流的层次，例如"察言观色"——对人类的情绪和态度进行敏感而细致的感知。在这一技术领域，包括人脸识别、眼动跟踪以及手势识别等技术正在快速进

步,不断推动新的技术突破。例如,在教育领域中,一个高度智能化的教学系统如何应对表现出厌倦或排斥情绪的学生,成为技术应用的一大挑战。如果一个智能教学系统在面对这种情绪表现时,仍坚持推送难度较高的学习材料,显然会对学生的学习效果产生负面影响。相反,一个具备高级情绪感知能力的智能教学系统,能够实时监测学生的情绪变化,并相应地调整其推送的教学内容,如适当降低难度或者增加教学材料的趣味性,并以此来提升学生的学习动力和成就感,则有效避免了学生感受到学习疲劳或者产生中断学习的可能。

（一）识别面部表情分析学习者学习结果

在学习技术领域的前沿,Alexandria 等研究人员的研究成果显得格外突出。这些研究者仔细识别并收集了学习者在学习活动中的行为数据、面部表情和其他生理信号,开发出了一套先进的方法,这套方法能够有效地预测学习效果并据此进行调整。这一创新方法已被成功地整合进一个专为 Java 编程学习设计的教学系统中。该系统具备一套完整的学习界面,包括任务描述窗口、编程窗口供学习者编写 Java 代码、程序的编译及执行输出窗口,以及一个文本窗口用于师生之间的即时通信和互动。在进行这项创新实验研究的过程中,研究团队挑选了五位经验丰富的人类导师和 67 名平均年龄为 18.5 岁的大学生进行测试。研究团队为了有效收集学习过程中的各种数据,部署了多种高端技术设备。具体技术设备包括使用 Kinect 深度相机捕捉学生的身体姿态和手势,安装网络摄像头以观察和记录学生的面部表情变化,以及利用皮肤电传导手镯来监测学生的生理反应。这些设备不仅可以详尽记录学生在学习前后的成绩变化,还能精确追踪他们在学习过程中的行为细节。

教学系统中,自动注释功能可以实时标记教师与学生之间的互动对话。导师所提出的问题主要是为了鼓励学生进行深入的思考和推理,这种类型的问题能有效地激发学生回顾之前学到的内容并激活记忆。同时,系统内置的面部表情侦测技术可以准确分析学生的情绪和注意力水平,例如,通过观察学生的眉毛抬高、嘴角的微笑或紧缩等细微的表情变化来捕捉他们的情绪波动。此外,皮肤电传导手镯还能提供关于学生在接受新知识点刺激时的心跳波形图和波形相位变化的数据，这些信息极为宝贵，能帮助研究人员进一步理解学生在学习过程中的情绪和认知状态的变化。这种全面而细致的数据收集和分析，极大地促进了教学方法的科学化和个性化。

（二）跟踪眼动数据判定学习者模型

人工智能技术不仅能识别学习者的面部表情，还能通过跟踪分析学习者的眼动数据，深入了解学习者的学习兴趣和内容偏好等多个维度。例如，Mathews（马修斯）等人开发的EER-Tutor智能辅导系统，特别采用了一种名为开放学习者模型（Open Student Model，OSM）的方法。这种模型主要是为了揭示学习者对其学习内容的认知和理解，从而让智能教学系统能够根据每个学习者的具体情况，进行个性化的教学辅导。在EER-Tutor系统中，开放学习者模型的构建是基于对学习者眼动数据的详细跟踪分析。系统通过评估学习者对特定学习概念的关注程度，例如，通过测量学习者对某一概念的凝视时间长度，来判定其对该概念的兴趣和理解深度。研究显示，学习者对某个概念的凝视时间越长，该概念在其认知结构中的节点也越显著，这一点在EER-Tutor系统的应用中得到了充分体现。这种基于眼动追踪的学习者模型为教学提供了一种新的视角，使教学过程更加精准和高效。

Antonija及其同事的研究揭示了一个引人注目的现象：不同学习者对屏幕上展示的内容的凝视时间存在显著差异。为了深入探讨这一现象，研究团队选择了来自新西兰坎特伯雷大学的17名大二学生作为研究对象。在研究过程中，研究团队使用了Tobii TX300眼动跟踪系统，这是一种先进的眼动追踪技术，它可以精确地测量和记录学生的视线集中点以及他们对特定内容的关注持续时间。

在智能教学系统的应用方面，这些系统通过集成语音识别、图形图像识别以及表情和手势识别技术，能全面捕捉和感知学习过程中的各种状态和行为。基于这些收集到的数据，智能教学系统（ITS）会不断更新学习者模型。这样的动态更新机制使系统能够根据每个学生的独特需求和学习进度，调整教学内容的展示方式。此外，ITS 提供的学生反馈也采用了多模态方法。现代的智能教学系统不仅可以通过自然语言进行交流，还能展示文本、播放预制动画或视频等，为学生提供更为人性化且生动的学习反馈。

三、开源智能教学系统的功能框架相关探析

（一）通用性智能教学系统的功能框架

开源的通用智能教学框架（Generalized Intelligent Framework for Tutoring，GIFT）作为一个强大的开发工具，为智能教学系统的研究人员提供了有力的支持。GIFT 通过教学创作、教学管理和教学评估三大功能，将系统的各个组成部分整合为一个整体，以实现离线或实时处理、创建、传递和理解智能教学系统发出的指令。

1. 教学创作

GIFT 的教学创作功能旨在简化编写 ITS 所需的技能和时间。通过规则、工具和方法的结合，使教学设计师、开发人员、教师、课程管理人员和领域专家在不熟悉软件编程规则的情况下，也能创建自己的智能教学系统。这一功能的核心是降低对高深技术技能的依赖，使更多的教育从业者可以参与到智能教学系统的开发中来。系统支持教学创作者根据教学内容的层次递进关系来组织和安排教学内容，以便合理地呈现给学习者。此外，GIFT 通过其标准化的网关，与外部环境进行数据交换，实现更多样化的教学内容集成和呈现。GIFT 提供了一系列教学创作工具，包括标准的网关规范和与游戏交互的课程对象，如虚拟战场空间、虚拟医生等。这些工具还包括模拟器（如挖掘机模拟器）、应用程序（如 Microsoft PowerPoint）以及生理和行为传感器（如 Zephyr Bioharness、Microsoft Kinect、Emotiv Epoc）。这些工具的设计，使开发人员可以通过简单的拖拽操作来编辑课程对象，无须进行复杂的编程操作。这种便捷性极大地提高了教学创作的效率和可操作性。此外，GIFT 支持与其他学习工具的交互操作，如在 edX 和其他大规模开放在线课程平台上进行自适应教学开发。这种开放性和兼容性使 GIFT 在教

学创作方面具有极大的灵活性和扩展性，能够满足多种教学需求。

2. 教学管理

GIFT 的核心教学管理功能致力于通过多样化的教学设备，个性化地向每位学习者及团队传递教学资料、即时反馈与必要支持，以适配其独特需求。作为高度模块化的框架体系，GIFT 鼓励并支持用户整合外部辅导系统的教学模型与策略，以此构建一个包容性与灵活性兼备的全方位教学管理系统。此系统精细设计，旨在通过构建模型识别并适应学习者之间的个体差异，包括状态、特征、偏好等因素，同时精妙调控教学进度、导向及难度，以促进学习、表现与技能迁移的正向互动。GIFT 的开发深入融合了多种学习理论、教学法及动机理论，模拟真实专家导师的多元化辅导风格，涵盖了从启发式对话的苏格拉底方法到逐步引导的渐进式教学，乃至鼓励自我反思与激发内在动力的辅导策略，全面覆盖一对一教学的各种情景。值得一提的是，GIFT 采纳的学习者中心设计理念，通过开放的学习者模型赋予学习者高度的自主权。这一模型不仅使学习者能根据自身状态和兴趣制定学习路径，还允许他们主动监测学习进度与心理变化，从而在掌握知识与自我认知上取得双丰收。这一设计显著增强了学习的积极性与沉浸感，有效推动学习成果的提升。

3. 教学评估

GIFT 的教学评估模块专注于强化适应性教学策略，强调借助智能教学系统实施严谨的实证评价。这一评估机制依托先进的实验测试平台，旨在深入探索环境设定、教学工具、学习模型及教学法等要素如何共同作用于学习者的参与度、知识获取、成绩表现、知识留存、逻辑推理及技能应用能力的提升。"Steve 等在1993 年提出了测试台方法（Test Bed Methodology），这一理论支持对学习者模型、教学模型和特定领域知识的测试和验证，用以评估学习效果模型中被操纵或被评估的变量。"[1]GIFT 提供的教学评估功能，实质上为智能教学领域的研究者开辟了一条科学验证的道路，使他们得以通过实验方式严谨地检验和优化智能教学系统中的方法论、工具集及课程内容。如图 3-2-1 所示，该平台的模型设计精密，全

---

[1] Hanks S, Pollack M E, Cohen P R.Benchmarks, test beds, controlled experimentation, and the design of agent architectures[J].AI Magazine, 1993, 14（4）：17-42.

面考量教学互动的多元维度，并能够基于翔实的评估数据，精确描绘出各影响因子及变量间复杂的相互作用关系。

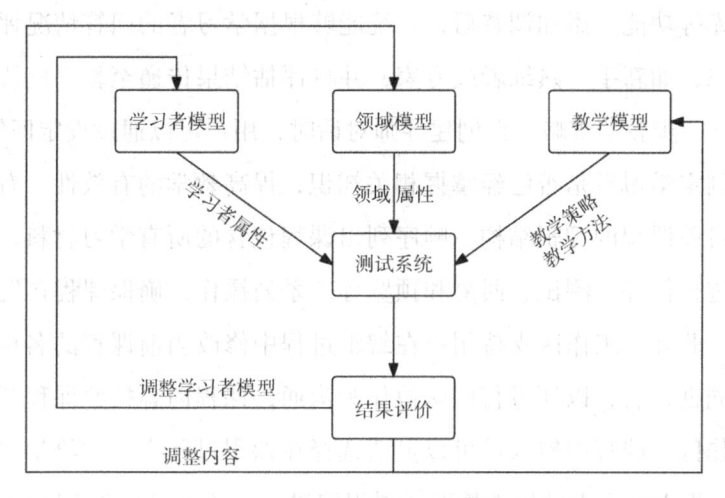

图 3-2-1 GIFT 的教学评估测试台模型

（二）开源智能教学系统 GIFT 中的课程创建与发布

GIFT Cloud 是一款无须下载的 Web 应用，它搭建了研究者、教师和学生之间的桥梁，只需一个浏览器即可接入。该平台在云端实现适应性课程设计，兼容 GIFT Local 课程的互导，既灵活又稳定。用户能够便捷地在云中创建和修改课程，还能利用发布功能生成课程副本以保护原内容，集 GIFT Cloud 与 GIFT Local 的优点于一身，极大丰富了应用场景并优化了用户体验。

1. 课程创建与编辑

GIFT 课程的创建与编辑界面分为三个主要部分（图 3-2-2）：系统导航栏、左侧导航栏和右侧工作区。系统导航栏位于页面顶部，提供全局功能的快捷入口，便于用户快速导航至系统的各个模块。左侧导航栏是编辑功能的集中区，用户可以在此编辑课程描述、新建概念定义、设置课程封面等。此区域还包含课程性质、课程对象和媒体模块，通过这些模块，用户能够全面控制课程内容的编辑。用户可以通过简单的拖拽操作将多种类型的课程对象，如文本、图片、网址、视频和 PPT 等，添加到右侧的工作区中。在左侧导航栏的媒体模块中，用户还可以上传与课程相关的各类媒体文件，包括音频、视频和动画等，以丰富课程内容的表现形式。此外，用户可以在课程对象模块中添加调查、创建导师对话和编辑问题题库等功能。添加调查后，系统能够根据学习者的回答情况评估其当前的学习状态，如新手、熟练者或专家，并将评估结果传递至教学模块，以选择最适合的下一步教学策略。在创建导师对话时，用户可以通过设定回答关键词，帮助系统判定学习者是否已经掌握相关知识，提高教学的有效性。右侧工作区主要展示目前课程的逻辑结构，顺序列出课程包含的所有学习材料。用户在此区域可以进行保存、测试、回复和预览等一系列操作，确保课程在发布前的质量和效果。此外，工作区支持用户在编辑过程中修改当前课程的名称，并查看课程的协同创作者，以便进行团队协作和沟通，课程内容按照课程开展的顺序显示在工作区，课程编辑人员可以灵活选择在课程过程中呈现给学习者的内容及其顺序。根据学习者的反馈情况，课程编辑人员还可以创建不同的学习分支，针对不同掌握程度的学生采用差异化的学习策略，从而实现更具针对性和适应性的教学效果。

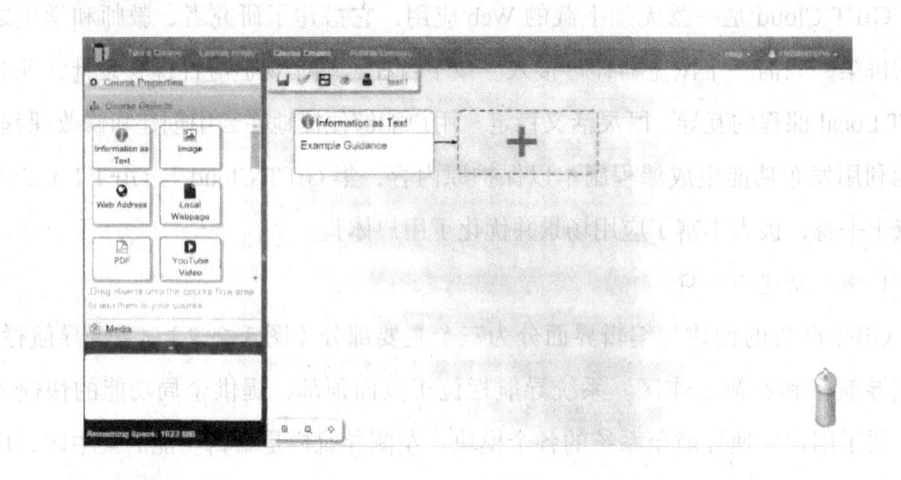

图 3-2-2 GIFT Cloud 中的课程创建与编辑

2. 课程发布

GIFT Cloud 平台支持课程发布功能，以确保在课程发布后能够控制数据收集条件。每当课程发布时，系统会生成一个现有课程的不可编辑副本，以保持课程内容的稳定性和一致性。此外，系统会为每个发布的课程生成一个唯一的访问链接，课程参与者可以通过该链接访问发布的课程内容。为了适应不同的数据收集计划，课程发布后还可以根据需要暂停或恢复发布操作，这为数据收集和分析提供了灵活性。点击课程名称，用户可以查看当前发布课程的详细信息，包括课程描述、唯一访问链接、课程 ID、参与者尝试次数以及最后一次访问的日期和时间等。这些详细信息帮助课程创建者了解课程的使用情况和参与者的学习动态。为了更好地分析课程效果和学习数据，GIFT 系统还提供了"创建报告"功能。通过此功能，用户可以自定义下载课程使用报告和数据，并将数据报告导出到本地电脑，以便进行更深入的分析和研究。通过课程发布功能，课程创建者能够在小范围内对课程进行调研，统计并收集相关数据。这种预发布调研有助于发现课程中的问题和改进点，从而在正式大规模发布课程前优化教学内容和教学策略。总之，GIFT 的课程发布功能不仅确保了课程内容的稳定性和一致性，还为数据收集和分析提供了便捷的工具，帮助课程创建者不断改进教学效果。

（三）GIFT 的应用实例分析

GIFT 智能教学系统展示了其广泛的应用性和灵活性，成功渗透到多个学习领域并针对不同情境设计课程。以下是三个具体的教学案例，体现了 GIFT 如何有效提升教学质量与学习体验：

1. 捕捉并利用学习者的情绪反馈

"Jeanine 主导了一个历时三年的研究项目。这一研究项目在 GIFT 智能教学系统和 TC3Sim 游戏模拟背景下进行。"[1]TC3Sim，又称 vMedic，是一款专注于战地救护技能培训的严肃游戏。项目借助 GIFT 完成了情感模型构建，分三阶段实验，能识别并记录学习者在训练中的沮丧情绪及其反馈。教师可据此建立学习者情绪档案，并根据学员在系统中的行为和情感信号，适时调整反馈策略，助力学习，实现个性化高效学习。

---

[1] De Falco, Jeanine A.Detecting and addressing frustration in a serious game for military training[J].International Journal of Artificial Intelligence in Education, 2018, 28（2）: 152-193.

2. 应用 GIFT 系统支撑小组和团队学习

"Fletcher 和 Sottilare 共同主导完成了对团体学习应该如何使用智能教学系统的研究。"[①] 该研究细致阐述了智能教学系统（ITS）、共享心理模型与团队协作之间的内在联系与作用机制，并在 GIFT 框架基础上，设计了一种适应多元团队需求的共享认知心理模型，为团队学习提供精准导向。GIFT 框架内各模块通过标准化信息交互，协同构建起全面的团队共享心理模型。学习者模块与 GIFT 的传感器接口合作，收集队员的学习表现、记忆状况等多维度数据，以此为基础建立个人学习模型。通过比较和整合各成员模型，分析团队内部的一致性与差异性，勾勒出团队的宏观认知轮廓与目标状态。教学模块是基于当前团队状态与既定目标的比对，并采取最适宜的教学策略，利用适应性模拟情境来加强团队能力培养。此过程中，模块动态监测团队表现，适时调整策略，确保教学活动紧贴团队进步的脉络，促进整体效能的提升。知识模块负责将教学策略细化至特定领域实践，如内容编排、教学节奏、反馈形式等，利用强化学习技术进一步优化策略选择，以期教学内容与方法的精准投放。研究强调，在构建共享心理模型时，必须将每个成员的准备状态、行动的恰当时机、任务本身的价值考虑在内并重视团队内部交流的频次与模式，因为这些因素直接影响团队的协作效率与表现。GIFT 框架在此展现出其强大的灵活性与适应性，不仅能精准服务于个体学习者，更能通过模块的灵活配置，构建贴合不同团队特性的模型，实现对团队及成员的深度洞察与个性化指导，推动团队学习效能的持续提升。

3. 借助 GIFT 在技能训练领域开发符合教学需求的课程或模型

"在由 Goldberg 和 Amburn 等合作完成的研究项目中，研究者以训练士兵枪法为目标，通过 GIFT 框架中的传感器模块搜集、整理专家数据建立起合适的专家模型。"[②] 研究者经分析得出，在枪法训练中影响因素主要包括呼吸、触发器控制及目标跟踪。研究者经过大量的重复实验，证实这一通用专家模型的有效

---

① Fletcher D J, Sottilare A R.Shared mental models in support of adaptive instruction for teams using the GIFT tutoring architecture[J].International Journal of Artificial Intelligence in Education, 2018, 28（2）: 265-285.
② Goldberg B.Amburn C.Ragusa C. et al.Modeling expert behavior in support of an adaptive psychomotor training environment: a marksmanship use case[J].International Journal of Artificial Intelligence in Education, 2018, 28（2）: 194-224.

性，并在此基础上进一步识别出在枪法表现中表现出独特行为技巧的专家。利用 SPSS 构建模型并通过交叉验证检测，验证了这些行为对绩效结果的影响。通过该专家模型，能在士兵枪法训练中诊断新手可能犯的错误及其相关因素，并提出改进措施，从而提高士兵在心理运动领域的技能水平。值得一提的是，在该研究项目中，GIFT 能够识别并评估士兵的当前行为，使用这些策略收集信息来确定需要纠正的概念及干预反馈策略。

第三节　学习分析技术下的适应性学习

一、自适应学习概述

人工智能技术的飞速发展，给人类的工作生活带来了极大便利，随着人工智能与各行各业的融合，"教育智能"一词走进了教育工作者的视野，智能教育也对学生的学习能力提出了新的要求——学生应具有自适应学习能力。自适应学习要求学习过程应该是一个积极的、建设性的过程；要求在学习过程中做到以目标为导向；要求在学习过程中注意自我反馈；要求在学习过程中充分发挥认知、行为和动机的作用。为了更好地实现学生的自适应学习，应该努力建设适合学生进行自适应学习的平台，实现平台的资源支撑和技术支撑。在自适应学习过程中，学生应充分发挥时间管理、元认知、认知调节和批判性思维等策略对于学习的积极作用。

（一）自适应学习的概念与典型特征

自适应学习（Adaptive Learning，AL）与自调节学习（Self Regulated Learning，SRL）关系最为密切，但又有很大的不同。AL 方面的专家 Posner 在 2017 年接受采访时，曾对 AL 作出如下定义：适应性学习是利用人工智能主动为每个人的需求量身定制内容，它利用机器学习、认知科学、预测分析和教育理论等广泛的知识领域，使这种以学习者为中心的教育愿景成为现实。

维基百科对适应性学习也作出了类似的阐释：适应性学习使用计算机算法来协调与学习者的互动，并提供定制的资源和学习活动，满足每个学习者的独特需求……计算机会根据学生的学习需求调整教学材料的显示方式。以上两个定义把自适应学习界定为一种学习活动或者是学习的形式，但也有不少学者将自适应学习界定为一种技术。如2018年的《地平线报告》中将"自适应学习定义为以个性化学习为核心，与学习分析紧密相连的技术，它可随时监控学生的学习进度，并通过分析数据来改进教学。"[①]何克抗指出"自适应学习技术是指根据学习者的个性特征与具体情况，通过呈现适当信息与学习资料，提供反馈和建议来创设符合学习者需要的智能学习环境的技术。"[②]

显然，将自适应学习作为一种技术能够更容易与自调节学习相区分，也能体现出自适应学习技术对自调节学习、个性化学习等学习活动的支撑。

SRL重在关注两个方面：第一，强调学习者自主性策略的制定，即如何根据自身条件与需求，主动规划合适的学习路径与方法；第二，密切关注学习者从目标设定的初始，历经学习活动的实践直至反思评估的全过程，每一个阶段的具体行为与成效。自适应学习技术是以学习者为中心的前提下，主要关注适应性学习系统（Adaptive Learning System，ALS）或者智能教学系统（ITS）提供什么样的学习资源和如何引导学习者的学习活动，自适应学习技术在学习活动的每个阶段提供技术支撑。自适应学习作为技术给自我调节学习提供强大的智能支撑，在形成和设定目标的初始阶段，适应性学习平台帮助学习者对自身学习风格、当前学习水平作出分析，在学习过程中，应用各种反馈给学习者提供即时监管、提醒，在阶段性学习结束后，根据学习日志和学习者的综合表现形成学习绩效评估。

（二）自适应学习的实施策略

自适应学习技术旨在模拟或辅助顶尖教育者的角色，为每位学生量身打造最优学习旅程，但必须明确的是，技术的角色是辅助与模仿，而非彻底取代教师。

---

① 兰国帅，郭倩，吕彩杰，等."智能+"时代智能技术构筑智能教育——《地平线报告（2019高等教育版）》要点与思考[J].开放教育研究，2019，25（3）：22-35.
② 何克抗.教学代理与自适应学习技术的新发展：对美国《教育传播与技术研究手册》（第四版）的学习与思考之六[J].开放教育研究，2017，23（5）：11-20.

当前实践中，该技术通过两大核心策略来适应不同学习者：一是依据个人特性和需求定制个性化学习场景；二是利用算法评估学习者当前知识水平，动态规划接下来最适合他们的学习路径。

1. 根据适应性因素设计适应个人的学习过程

被称为适应性因素或者适应性因子的内容涵盖多个方面，通常包含学习者的知识背景、人口学数据（年龄、性别等）、兴趣指向、成绩水平、学习风格等，适应性技术要根据这些适应性因子来设计学生的学习过程。这是一种根据适应性因子所设计出来的学习过程，一般在开始学习之前要借助一些量表、问卷或试题给学习者做全面的测试。不仅是以上这些传统的适应性因素，当前的自适应学习系统应用了 SRL 中一些已经被广泛接受的学习策略来分析学习者的状况。如为了使学习者进入一个清晰的目标导向的学习状态，让学习者在学习开始前选择自己倾向的目标表述方法。

通常而言，学习支持系统在提供学习目标表征方面有多种选择，包括图式机制、编码机制、触觉线索和物理表征等多种模式。

2. 根据已经学过的内容计算个人的学习路径

这类适应基于这样的假设，即学习者已经学过什么将决定他/她后来要经历什么？学习者掌握了什么？学习者接下来应该经历什么？根据对这两个问题的回答，自适应学习系统能够应用算法为学习者在正确的时间提供正确的学习内容。常见的算法是贝叶斯知识跟踪，它估计学习发生的速率，另一个为学界熟知的框架是项目响应理论（Item Response Theory，IRT），它是在心理计量学领域开发的，用于模拟学习者与离散项目的交互。应用这些算法，可以为每个学习者生成不同的内容呈现顺序，或者继续新的内容学习之前，会给某些学习者提供额外的内容推送，以保证学习者进入学习新内容之前的最近发展区。

为了甄别学习者当前的学习水平，学习者可以分为具有高辍学风险、不及格、中等及优秀等不同等级，不同等级学习者所产生的学习过程数据集有较为显著的差异，根据这些数据集所做的计算能为不同等级学习者提供不同的学习路径（图 3-3-1、图 3-3-2）。

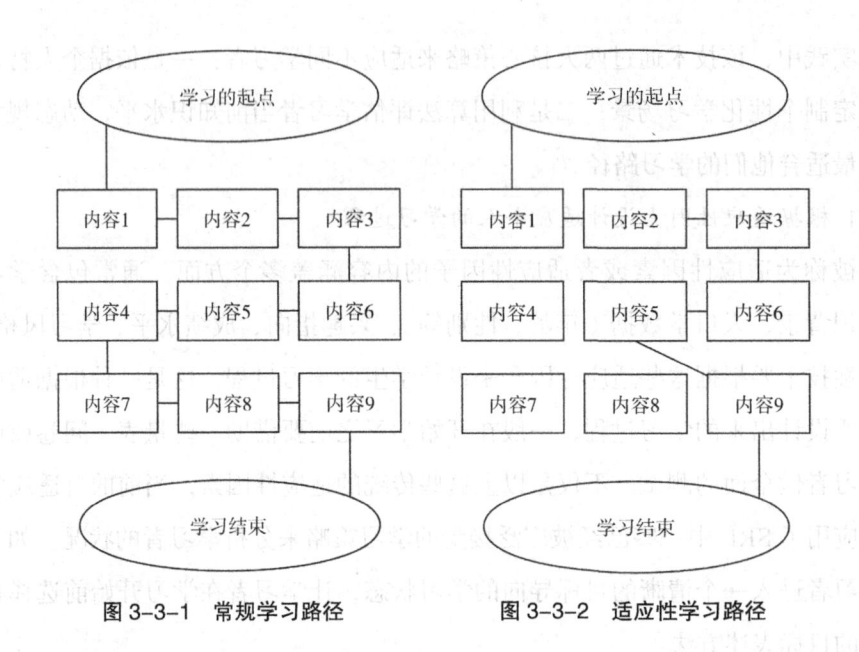

图 3-3-1　常规学习路径　　　图 3-3-2　适应性学习路径

为了评估学习者当前的学习水平，Nam 提出了识别学习者辍学风险和降低学习者辍学率的想法，他使用了预警系统，用来识别有风险的学习者，预警系统还能提供数据驱动的证据，根据这些证据可以为学习者制定策略，降低辍学风险。在经过选择行为变量、整合学习者档案信息以及预测建模三个步骤之后，Nam 发现，"不同成绩的学习者群体需要不同的学习策略才能在课程中取得成功。例如，对于学习成绩好的学习者来说，反复查看幻灯片这一策略对他们的学习成绩影响不大，而这对于成绩差的学习者来说却是一个很有效的策略；通过结合学习者的行为信息和学业档案，早期预警测试模型在预测学习者在初级 STEM 课程中的成就方面达到了 72% 的准确率。"[1]

从以上两种策略可以看出，适应性学习的核心在于精确诊断每位学习者的情况，这涉及准确把握学习者当下的学习状态，并科学地预测其后续的学习路径和发展潜力。学情的精准判断与学习进程的智能预测，已成为当今自适应学习平台的标准配置，多数成熟的平台均已嵌入这些关键功能，该预测有效支持了个性化学习体验的实现。

---

[1] Nam S J, Samson P.Integrating students' behavioral signals and academic profiles in early warning system[C]. Artificial Intelligence in Education，2020，11625：345-357.

（三）自适应学习中的多维预测与评估

测评是教学过程中不可或缺的步骤，是教师或教学系统对学生进行学习效果评价的过程。测评功能是自适应学习系统的重要功能，是能够开展即时的、自动化的精准测评是优化教学效果、实现因材施教、达到个性化教学效果的重要途径。随着人工智能技术与教育教学的深入融合，自适应学习平台的学习预测与评估已经从最初的对话代理交流反馈走向基于复杂技术的学习过程数据分析、教育大数据挖掘和多维智能评测，使预测学习行为和自动化评分的正确率大幅提升。

1. 学习者行为预测

第一，基于学习过程的学习分析仪表板（LAD）预测存在学习风险的学生子群。"Shabaninejad 团队扩展了学习分析仪表板（Learning Analysis Dashboard，LAD）的功能，设计和开发了一种称为深入洞察学习过程的自动化算法，采用一种称为地球移动器随机一致性检查的过程挖掘方法，以有效指导数据勘探，帮助教育者识别出一个偏离课堂规范、可能需要特别关注的学生子群体"[1]。为了支持对学生学习方法的理解，研究采用过程挖掘的视角，根据学生的学习活动、每种不同学习路径的相对频率以及活动的执行顺序来检查和比较学生的学习行为。它检查所有数据挖掘的路径，并使用 EMSC 来检查两个队列的学习行为之间的距离，对每条路径的"洞察力"进行评分。此外，研究还使用一个解决方案集排名函数，最大化多样性排名。教师可以分享推荐成功学习模式给学生，或者了解表现不佳及有风险的学生的偏差，以帮助他们顺利通过课程考核。

第二，通过无监督的机器学习和数据故事化预测学生的成功与风险。"Ahmad 和 Nasheen 等介绍了一个交互式学习分析系统 FIRST，能够支持学术顾问或高等教育导师使用临时数据模型、无监督模型和数据故事化方法了解学生在学位课程中的成功和风险"[2]。FIRST 允许学习顾问选择特定的功能，基于无监督的学习算法审查聚合分析并自动为每个学生生成故事。学生故事合成是使用用户选择的特

---

[1] Shabaninejad S, Khosravi H, Leemans S, et al.Recommending insightful drill-downs based on learning processes for learning analytics dashboards[J]. Artificial Intelligence in Education，2020，12163：486-499.
[2] Al-Doulat A, Nur N, Karduni A, et al.Making sense of student success and risk through unsupervised machine learning and interactive storytelling[J].Artificial Intelligence in Education，2020，12163：3-15.

征、指示重大变化的特征以及关于学生的附加数据自动生成的，这些数据综合提供了一个更完整的故事，总结与学生相关的学习经历。故事生成的过程分为三个阶段：获取数据、选择和组织故事成分、文本句子处理。研究通过一项小组试验对 FIRST 进行评估并收集反馈，证实了 FIRST 数据故事化分析法能够实现对学习仪表板式分析的补充，从而支持学习顾问对复杂、临时和参差多样的学生数据进行感知并更好地传达分析结果。

第三，以机器学习分类算法预测学生在线课程学习中的失败因素。"Anagnostopoulos 的团队提出了一种识别学生在线课程失败风险的方法并通过 Moodle 学习管理系统中在线课程的两组数据进行验证"[1]。为了提高模型的分类精度，研究将所有的五个基分类器组合成一个唯一的分类模型来增强最终的预测模型，从而构成多数投票集成分类器。研究表明，将多数投票分类模型应用于两组数据具有显著的预测精度。在概念层面上，研究结果提出了与课程学习设计密切相关的预测因素，即能整体完成一套课程的学习、系统参加相关的学习活动对课程的成功学习至关重要，成功地完成学习意味着有一个实际的学生努力行为，这样的行为可能是看视频，与多媒体内容互动，做实验练习或自我评估测验，以及通过形成性评估测试。该研究可以形成更多语义层面上影响学生学业失败的预测因素，也可以为课程的重新设计提供必要的反馈。

2. 自动评分系统的开发与应用

第一，基于语义相似度的自动评分系统。评估作为教育教学的关键环节，自动评分系统已被广泛采用。"Tashu 等在研究了现有的自动作文评分系统和电子考试系统的发展现状之后，设计并实现了一个在线作文考试管理与评价系统，作为教师创建和评价论文考试的工具"[2]。该系统允许教师通过选择他／她认为不正确的论文答案部分，并以评论的形式给出文本反馈。论文答案的自动评价和评分采用 AEE（Automatic Essay Evaluation）方法，利用 RA（参考答案）和 SA（学生

---

[1] Anagnostopoulos T, Kytagias C, Xanthopoulos T, et al.Intelligent predictive analytics for identifying students at risk of failure in moodle courses[C].International Conference on Intelligent Tutoring Systems, 2020, 12149：152-162.
[2] Tashu T M, Esclamado J P, Horvath T.Intelligent on-line exam management and evaluation system[C]. International Conference on Intelligent Tutoring Systerms, 2019, 11528：105-111.

答案）计算语义相似度，根据问题的权重计算得分。在他的另一项研究中，使用局部敏感散列法（Locality-Sensitive Hashing，LSH）大大减少了自动论文评价中的注释工作量，它能够实现从大量的文档集合中快速找到相似的文档，并大大减少计算时间。其背后的思想是将每个文档使用哈希函数几次，将相似性非常高的文档放到一起，并寻找这些相似文档的语法、词汇使用特征。从实验结果可以看出，基于最邻近的 AEE 引擎可以在较低的训练文章集下工作，并且可以与使用较高训练文章集的引擎相媲美，这就减少了创建训练文章集所需的注释工作量，能有效避免在注释过程中由于人为操作而产生的偏差。

第二，使用神经张量网络进行的开放式短答评估。Gautam 的研究发现，基于语义相似度的评估方法有一个主要的局限性，它们假设学生答案和参考答案是独立的。在大多数情况下，学生的回答可能是省略的或者严重依赖于广泛的上下文，在这种情况下，语义相似度方法将导致简短答案获得低相似度得分，而更依赖原文的答案获得更高的相似度得分。因此即使简短的答案是正确的，也不能准确地评估它们。为了解决这一问题，Gautam 提出了一种利用神经 Tensor 网络（Neural Tensor Network，NTN）在智能教学系统中进行学生答案评估的新方法，"使用直接从知识图表中学到的嵌入式向量来表示学生答案和参考答案中的概念，嵌入式向量对实体/概念之间的间接关系进行编码，两个实体共享相同或相似的邻居越多，则其向量表示就越相似"[1]。研究人员通过实验评估表明，NTN 模型学习实体向量有助于表示一些未明确提及的概念和关系，从而实现更加准确的智能评估。

第三，基于项目反应理论的神经自动论文评分模型。自动化评估基于以掌握为导向的教学法，自适应学习系统可为每个学生分配不同的问题，以防止学生在学习和练习过程中出现剽窃行为。计算机自适应测试（Computerized Adaptive Testing，CAT）根据项目反应理论（Project Response Theory，IRT），从项目库中选择并呈现在当前估计能力下最大化测试信息的最佳项目。在每次回答后，考生的能力评估都会进行更新，然后选择下一个项目，使其在新的估计值下具有最佳

---

[1] Gautam D, Rus V.Using neural tensor networks for open ended short answer assessment[C].International Conference on Artificial Intelligence in Education, 2020, 12163: 191-203.

属性。与同一个固定考试相比，针对每个考生的适应性试题选择可以减少考试试题的数量，但不会降低考试的准确性。

此外，许多基于深度神经网络（Deep Neural Network，DNN）的 AES（Automated Essay Scoring）模型已经被提出并且已经达到了最先进的精度。然而，有研究发现 DNN-AES 模型的表现在很大程度上会受到评分员在训练数据中对论文评分标记的影响。为此，有学者提出了一个集成 IRT 模型的新 DNN-AES 框架，具体地说，可以将这种方法描述为一个两阶段的体系结构，它将 IRT 模型堆叠在传统的 DNN-AES 模型之上，通过一个实际数据集的实验，该方法显示比传统的 DNN-AES 模型能提供更稳健的论文评分，且该方法简单有效，更容易应用于 AES 模型。

二、学习分析技术引发的相关转型

（一）学习者模型的转型

传统的智能教学系统和智能教学代理二者对比发现，传统的学生模型构建方法多依据预设的学习风格理论，如利用菲尔德和西尔弗曼模型，在学习管理系统（LMS）中事先设定分类。学习启动前，借助问卷调查来评估学习者风格，这是在缺乏充足学习行为数据情境下的常见做法。但此类问卷评估的粗略性质限制了其准确度，仅作为初步的分型手段。教育领域大数据技术的飞跃提升了教学系统数据采集与分析能力，使学习管理系统能够细致洞察学习者的学习风格偏好、媒介选择、兴趣方向及认知发展阶段，并依据实际学习进程动态调整评估策略。因此，学生模型构建正经历从预配置到动态生成的转变。一个显著案例是芝麻街基于 IBM 具备理解、推理和学习能力的认知系统 Watson，运用 Watson 认知系统创造的个性化学习工具，这些工具集成理解、推理及自我学习机制，能智能适应每位儿童的独特学习路径。

（二）知识模型的转型

鉴于人工智能在大数据收集和处理方面的优势，在 2017 年美国 ASU-GSU

教育科技峰会上，众多科技人员和学者一致认为，基于大数据智能的学习分析技术应成为数字化教学系统的标准配置。这意味着，数字化教学系统所收集的不仅是学习过程数据，还包括学生的情感信息及元认知策略。通过对这些数据的深入分析，教学系统对学习者的理解与判断将达到一个新的高度。在转向 MOOC 的教学系统探讨中，人们观察到由于学习者群体庞大，若系统能有效记录学习进程，就能汇聚形成对学习材料重难点、路径选择的公共认知，这些集体见解进一步用于内容的精准指导。这促使原本在智能教学系统中的知识模型发生转变，它不再局限于知识的细分和罗列，而是融入了针对各个知识点的个性化学习策略建议和基于层次分明、关系映射的知识图谱构建的学习路径规划。因此，融入学习分析技术的教育系统在知识的展现形式和属性描述上显得更为多彩多姿，对学习者极具价值。以往在没有教师或同伴指引的传统学习场景下，学习者往往需要较长时间才能逐步意识到学习内容的难度及有效学习方法。而今，利用学习分析技术的系统能在展示知识的同时，清晰指示相应的学习策略，帮助学习者规避许多不必要的探索弯路，加速学习进程的有效性和目的性。

（三）教学策略模型的转型

面对学习群体中勤奋却成效不佳的学生，富有经验的教育者常会遇到这样的问题：尽管学生付出巨大努力，学业成果却未能实现相应提升。教师往往会初步判断问题出在学习策略不当，并尝试介入，通过个别辅导和交流，依据个人经验指导学生调整学习方式。这一过程常常遭遇双重障碍：一是学生自我反思及表达学习问题的能力有限，难以精确描绘自己学习的真实困境；二是教师的个体经验虽然宝贵，但是难以全面覆盖多样化的学习需求和个体差异，导致调整措施时有偏差，成效参差不齐。在此情况下，简单地将学生成绩未达预期归咎于动力不足或智力局限，实则忽略了问题的复杂性。

基于学习者模型与知识模型的转型，学习分析技术能助力教师深入了解学生学习细节。鉴于学生间存在的个体差异，制定个性化学习路径成为关键。教师可借由学习路径分析，找寻学习瓶颈，或追溯知识点掌握不牢的源头，甚至是一些看似当前的学习难点,其实是源于低年级的某个知识遗漏,如三年级的基础未固,影响五年级的表现。像"一起作业网"这类平台,集学生作业、课堂表现、考试成绩等数据于一体,全息展现学习行为,为教师提供深度分析基础。两名同样取得 80 分的学生,传统评估可能视为同一水平,但该平台通过智能分析,能细致区分两者在各知识点上的掌握情况及错误分布,出具个性化学情报告,指导差异化教学。

此外,平台累积的作业数据能自动生成学生专属错题集,指引针对性练习,实践个性化学习理念。这样,不仅提高了学习效率,还让教师能更聚焦于教学策略的优化和学生的直接指导,真正实现教育的个性化与精准支持。

三、基于 Knewton 系统的自适应学习案例评述

Knewton 公司位于纽约,是一家深耕个性化教育科技与平台构建的先锋企业。其核心产品——Knewton 系统,集海量教育资源与尖端数据分析技术于一身,能够精确诊断并高效推送符合每位学生个性化需求的学习材料。该系统全面考量个人教育背景、智力水平、学习节奏、遗忘模式、注意范围及独有的学习策略,携手教育工作者与内容提供商,共绘定制化学习蓝图,实现教学内容与难度的智能化动态调整,覆盖英语、数学、化学等多个学科领域。相较于其他同类学习分析及内容推荐系统,Knewton 系统脱颖而出,其特色归纳为以下三个方面:

(一)学习内容以知识图谱形式存储

Knewton 平台系统通过知识图谱存储成千上万的内容模块,包括视频、题库、问答对话等多种形式。每个模块的内容大小不一,可以是一个简单的问题,也可以是一个完整的学习系列。这些模块之间的关系以知识图谱的方式展现,实现了知识点间的概念关系可视化。通过知识图谱,学生可以直观地了解各知识点之间的联系,提升学习效率。系统会根据学生的学习表现给每个内容模块打分,进而根据这些评分调整学生接下来要学习的内容和呈现方式,使学习过程更具针对性和个性化。

（二）基于项目反应理论的学习数据分析

Knewton 系统基于项目反应理论，将学生的能力建模为问题表现水平，而非传统的测验表现水平。比如，在一个包含 10 道题目的测验中，如果两道题目特别简单，两道题目特别难，剩下的 6 道题目难度适中。对于参加考试的学生来说，如果两个学生都答对了 9 道题目，但一个学生答错了一道简单题，另一个学生答错了一道难题，传统评分方法会给两人同样的分数和等级。然而，Knewton 系统会根据错题的难度和对应的知识点，得出不同的评估结果。通过这种更为精细的分析方法，让系统能够更准确地评估学生的实际能力和知识掌握情况。

（三）基于多次测试及综合表现的内容推荐

Knewton 的内容推荐系统能够根据学生的兴趣和学习风格，提供个性化的学习内容。系统会根据学生的学习顺序和进度，动态调整推荐的内容。例如，某位学生在学习"细胞分裂"课程时，如果注意力在课程进行 15 分钟后下降，那么系统会在下一次课程的第 14 分钟停止推送相关内容。相反，如果学生对视频教学反应良好，系统会优先推送更多的视频内容，而减少文本或音频内容。通过多次测试和综合表现，Knewton 能不断优化推荐的内容，使每位学生都能获得最适合自己的学习资源和形式。

Knewton 系统由于具备知识图谱存储、项目反应理论分析和个性化内容推荐三大特性，形成了有效的个人学习情况和课堂教学质量分析工具。系统能够实现学习过程的可视化，特别是在学习效果、参与程度和知识保留方面进行可视化分析。近年来，Knewton 已与 Pearson Education、Macmillan Education 和 Houghton Mifflin Education 等多家教育出版商合作，为其教材提供数字化改造和学习平台搭建。

国内在线学习平台也在大力推进学习分析技术，以支持个性化学习。比如，沪江在线平台推出的大学生英语四级课程追踪系统，针对近 1.5 亿在线学习用户，在每个课件的每一页内容、每一个知识点、每个知识点对应的题目以及每个题目对应的选项上，均有详细的学习行为记录。基于这些学习过程数据，沪江在线平台利用嵌入的人工智能技术，为每位学习者提供个性化的课程内容。学习者之前已牢固掌握的内容不会再次出现，系统会智能化地推送未复习的考点，大大节省了学习时间，提高了学习效率。

第四节 扩展现实支撑的沉浸式学习

卢西亚诺·弗罗里迪在其著作《第四次革命》中展望的"线上人生"概念，预测着一个深度整合虚拟与现实世界的未来。在这个愿景中，人们的生活、工作、学习以及社交活动都将无缝融入数字化空间，形成一个与物理世界平行且高度互动的虚拟宇宙。虚拟现实（VR）技术作为这一革命的关键驱动力之一，正逐步打破传统界限，创造一个让用户能够以近乎真实的方式体验和交互的环境。Pearson 公司的 Revel 平台就是这一趋势的实例，它利用虚拟现实技术为学生构建了高度沉浸式的交互学习场景。这类平台不仅模拟了传统教室的学习体验，还通过增强的视觉、听觉乃至触觉反馈，增强了学习材料的吸引力和理解深度，让学生能够在接近现实的环境中探索知识，比如在历史课上"亲历"古代战场，或在化学实验中"操作"虚拟试剂而无须担心安全问题。智能对象行为建模技术的发展，特别是在结合了人工智能的进步之后，使虚拟环境中的物体和角色能够展现出更加复杂和自然的行为，进一步提升虚拟体验的真实感和互动性。虚拟现实技术与人工智能的融合也为仿真教学和沉浸式学习环境带来了革命性的改变。

扩展现实（Extended Reality，XR）作为一种前沿技术，通过整合物理现实与虚拟现实的界限，为用户创造出既包含 AR、VR 及混合现实（MR）元素的综合体验环境。它不仅能将实体对象以三维形式呈现在虚拟空间中，还让用户得以与这些对象进行互动，模糊了现实与数字世界之间的边界，开启了全新的沉浸式交互时代。

近年来，中国政府高度重视 XR 技术在教育领域的应用潜力，视其为推动教育现代化和创新的关键力量。特别是在 2019 年，教育部发布的《关于职业院校专业人才培养方案制订与实施工作的指导意见》中明确指出，要大力推广包括人工智能、虚拟现实（VR）在内的现代信息技术在教学活动中的广泛应用。

一、扩展现实营造沉浸式学习环境

沉浸式学习是一种利用模拟或人工环境进行学习的方法，通过这种方法，学习者能够完全沉浸在学习中，感觉仿佛置身于真实的学习环境之中。随着虚拟现实技术的迅速发展，沉浸式学习的体验深度不断增加。扩展现实技术的发展，使沉浸式学习得以通过虚拟现实、增强现实、混合现实及扩展现实等技术，为学习者创造出一个高度真实且无干扰的环境。在这样的环境下，学习者不仅能感受到身临其境的感觉，还能与各种对象进行互动，从而增强学习效果和体验。

与传统的仿真教学系统相比，沉浸式学习环境综合利用了立体眼镜、数据手套、头盔和操纵杆等多种跟踪系统，使师生能够感受到更加真实的场景体验。Limniou 等人设计的 CAVE（Cave Automatic Virtual Environment）便是一个典型的沉浸式虚拟教学环境实例。CAVE 系统通过其跟踪系统记录三维物体的角度和方向变化，并利用操纵杆帮助用户移动或旋转三维物体。教师只需简单地通过移动头部即可观察虚拟现实环境，而无须使用单独的控制器来改变图像的角度。此外，教师还可以使用操纵杆将分子模型向前或向后移动，以解释化学反应中的变化过程。学生要佩戴立体眼镜，当教师提出问题时，他们能够积极参与并作出回答，这种互动性极大地增强了学习效果。

沉浸式学习环境，比如 CAVE 系统，对技术和设备有较高要求，能让学生获得更深切的真实感受。研究显示，沉浸在这种虚拟学习环境中的学生，课堂参与度明显提高。他们能多维度观察虚拟中的化学反应，更积极地加入教学互动，准确解答关于分子结构的问题。相比依赖二维图像的传统课堂，三维虚拟环境使分子结构及其动态变化的理解变得直观简单。CAVE 允许学生通过动画的暂停、旋转及时间控制，细致观察分子变化，收获了学生极高的正面反馈，他们感觉像亲自参与化学过程，多角度理解复杂反应。此外，这类虚拟教室加强了师生互动，鼓励学生积极提问和讨论，增强了主动性，不仅激发学习兴趣，也深化了知识掌握。未来，随着技术的发展，沉浸式学习将在更多领域展现其潜力，比如科研、医疗培训、工程教育及艺术创新，提供丰富且生动的学习场景，助力复杂概念的学习。技术的不断优化和创新预示着教育领域将迎来更多变革，沉浸式学习正引领一场教育方式的革命，提升学习的深度与广度。

（一）沉浸式学习的特征

斯坦福大学的虚拟人类互动实验室，历经超过十年的神经科学探索，揭示一个重要问题：卓越的虚拟现实体验能极大地增进学习者的投入程度、知识记忆程度以及自我效能感知。Freitas等学者在他们的工作中概括了沉浸式学习环境的三大核心特质：情境性、认知性和关联性。情境性确保学习者仿佛置身于实际操作的社会化环境之中，认知性强调学习基于实战经验、深度思考、理论抽象和动手实验，关联性则保证学习者能够迅速接收到行为结果的反馈。

综合来看，这样的环境有力地促进了学习者的主动探索精神，预示着沉浸式学习作为数字教育的前沿趋势，构建出与现实世界难以区分的虚拟学习空间。为了打造沉浸式学习体验，目前广泛采用的策略包括仿真模拟、游戏化学习、扩展现实（XR）技术，以及360度全景视频。这些方法依据Kolb学习模型（图3-4-1），该图源自该领域的一项标志性研究成果，共同为学习者构建了一个互动探索的平台。这一平台不仅提供了丰富的学习场景，还通过互动叙事、复杂决策模拟以及虚拟社群内的合作与交流机会，深化了学习的实践性和社会性维度。

图 3-4-1 Kolb 学习模型

沉浸式学习环境为学习者搭建了一个仿真或混合现实的舞台，让他们亲自动手操作、互动并沉浸其中，通过观察、实践与反思的过程，深化对特定知识或技能的理解，形成概念模型。这一过程随后鼓励学习者在新的环境里应用这些概念，验证并调整理解，以实现认知模型的完善与巩固。值得注意的是，尽管沉浸式学习与体验式学习均强调参与和实践，但两者存在本质区别：沉浸式学习依托于 VR、AR 和移动技术来构建深度学习环境，而体验式学习则不强制依赖这些高科技手段，且更侧重于无外界干扰的沉浸氛围与学习者主导的学习流程。

（二）营造沉浸式学习所需的资源和技术支撑

XR 技术作为沉浸式技术的集大成者，超越了传统 VR 的范畴，构建出一个更广阔的技术视野。它不仅整合了 AR、VR 与混合现实（MR）等多种技术，还涵盖了任何能够模糊现实与虚拟边界、创造出深度沉浸感的新兴技术。长期以来，学习资源匮乏、设备价格高昂是制约虚拟现实教育应用的两大重要因素，而 XR 的发展为资源的制作与开发提供了更多集成和简化的平台，大幅度降低了对广大教学资源开发者和普通教师的技术门槛，可以很便捷地开发模块化和可重用的 XR 教学资源，可高效开发 360 度视频和沉浸式互动教学视频。同时，伴随 XR 技术应用于智能手机，以及大量价格较低的 XR 眼镜、触感手套等设备的推出，应用 XR 营造沉浸式学习的资源和技术障碍都已大幅减少。

1. 灵活开放的 XR 资源

在数字革命的进程中，提供灵活和开放的资源一直是备受关注的议题。随着科技的发展，XR 技术给共享内容资源和软件开发领域带来了全新的机遇，不仅推动了行业培训的进步，也为教育界带来了深远影响。XR 资源的模块化、可重用和可扩展性特点，使其在实际应用中更加灵活和高效。以杜克大学为例，该校的数字博物馆实验室在艺术、艺术史和视觉研究系的支持下，创造了一批 XR 资源。这些资源不仅涉及古典艺术、计算机科学和脑科学研究，还致力于通过虚拟手段模拟而非重建过去的场景。学生在这样的资源支持下，可以在虚拟博物馆课程中创建属于自己的虚拟博物馆。例如，通过使用 AR、VR、3D 建模、WebGIS 以及整体可视化等技术，学生能可视化战争破坏的遗迹。这不仅为学生提供了一个创新的平台，还让他们可以更直观地了解历史和艺术，增强了他们的技术应用能力和创造力。

2. 触觉反馈

触觉反馈技术在现代人机界面设计中占据着重要地位。触觉界面不仅能快速传递信息，还能直观地表达人的情绪信息。通过向用户施加力、振动或运动，触觉技术使用户能够真实地感觉到动作和阻力，这种感觉源于触觉传感器。触觉反馈系统通常由三大部分组成：触摸产生的压力、压力的识别以及识别后的回馈指令。

动觉反馈是触觉技术的一个重要方面，它与人对身体各部位位置和运动的认识密切相关。动觉反馈依赖关节和肌肉中的传感器信息，这些传感器能够感知通过受体与身体接触时所施加的力。触觉设备分为主动触觉设备和被动触觉设备两类。主动触觉设备由计算机控制，通过电子、电气或机械方式向用户提供触觉或力反馈，这些设备通常配备有产生力反馈的装置，例如 Phantom 和 Cybergrasp 等。相对而言，被动触觉设备由用户自行控制，制动器仅根据用户的运动产生动作，这类设备包括手套、可穿戴设备和外骨骼等。

触觉反馈技术在多个领域得到广泛应用，特别是在游戏和医疗行业。游戏行业利用触觉反馈技术，在视频游戏中创造了更逼真的震撼感，移动应用程序开发商也将触觉反馈技术应用于移动游戏中，增强了用户体验。在医疗应用方面，触觉反馈技术支撑远程手术和虚拟医学培训，Haptic 界面设计用于医学模拟，使医生能够在虚拟环境中进行复杂的手术训练，提高了医疗技术水平。

3. 手部跟踪与手势识别技术

手部跟踪技术被认为是一种创新的交互方式，通过使用手掌和手指作为输入工具，能够提供更加自然、直观和具有创造性的计算机通信手段。这项技术的应用使用户在操作计算机时无须依赖传统的触摸屏、控制器或其他物理设备。手部跟踪和手势识别技术虽然都允许用户用手进行交互，但它们在本质上存在显著区别。手势识别系统专注于识别特定的手势动作。例如，竖起大拇指表示"确定"或手掌平摊表示"停止"，并且通常只限于少数几种手势。这类系统依靠体感控制器和深度相机等设备来准确识别和解读这些手势，在精确度方面，基于手势的系统对于有限的手势识别表现相当出色。手部跟踪技术在 AR 应用中尤为有用，因为它能够提供一种易于使用的自然用户界面，使用户可以与数字信息进行交互。尽管这类技术通常需要依赖昂贵的深度传感器和独立处理器，但随着技术的发展，这些设备的成本正在逐步降低，使手部跟踪技术的应用更加普及和经济实惠。

4. 360 度视频和沉浸式互动教学视频

视频内容形式因其直观和易于理解的特点而备受欢迎，成为许多数字学习课程的基础。传统视频虽然在计算机和移动设备上能够播放，但与 360 度视频相比，缺乏沉浸式的学习体验。360 度视频提供了一种全方位的视角，让学习者能够更全面地了解地理位置和建筑物的布局。

制作 360 度视频通常需要使用专门的 360 度摄像头、三脚架、照明设备和麦克风等工具。在完成拍摄后，还需要借助编辑软件如 Adobe Premiere Pro、Final Cut Pro 或 VSDC 对视频进行编辑，这样才能将其转换为适合学习的模块或课程。为进一步提升学习者的沉浸体验，可以使用游戏引擎软件向视频中添加 3D 动画和其他交互内容，从而将 360 度视频转变为交互式、个性化的视频游戏。现在有许多出色的游戏引擎软件，例如，Unreal Engine、Unity、GameMaker 和 CryEngine，这些软件能帮助用户将 360 度视频变成真正的虚拟世界。为简化 360 度视频的制作和应用，市场上出现了一些集成化平台，如 Uptale 和 Near-Life。这些平台不仅简化了视频制作流程，还提供了如分数统计、交互统计等功能，极大地方便了教学团队创建量身定制的在线和沉浸式学习体验。Near-LifeTM CREATOR 则是一种交互式视频创作工具，允许教学开发者设计和开发沉浸式学习场景，免去了对复杂虚拟现实技术的操作，提高了基于场景学习的创建水平。

大量移动应用程序的推出为扩展现实技术的普及提供了坚实基础。谷歌长期运行的 Tango 项目通过 Lenovo Phab2 Pro 和 Asus Zenfone AR 等设备实现在智能手机上的应用，使设备能够理解空间并提供室内精确的位置信息。苹果公司在 2020 年 6 月的开发者大会上发布了适用于 iOS 的 ARKit，这是一个易于使用的移动平台，专为 iPhone 和 iPad 开发增强现实体验。开发者已经开始在网络上分享令人印象深刻的 AR 体验，这进一步推动了扩展现实技术在教育和其他领域的应用和发展。

二、扩展现实支撑沉浸式学习的应用模式

沉浸式学习研究网络（Immersive Learning Network, iLRN）是一个跨国联盟，由不同国家的技术专家、教育实践者及沉浸式学习领域的研究者共同组成，其核心使命在于探索、发展并推广 VR、AR 及 XR 在教育与学习领域的理论基础、技术创新及潜在应用。作为这一领域的领航者，iLRN 不仅是研究沉浸式学习与扩展现实教育应用的国际枢纽，也是促进相关领域交流与合作的重要会议平台。iLRN 强调，成功的沉浸式学习体验是多技术与跨媒介融合的结晶，它横跨计算机科学、用户体验设计、学习科学、媒体架构、游戏开发、人工智能、生物学乃至医学等多个学科领域，形成了广泛的知识体系。通过整合这些多元化的学科知识，iLRN 旨在为各种学习情境设计出高效且有影响力的沉浸式体验，这些情境覆盖了从基础学科到专业培训的广泛范围。iLRN2020 会议以全虚拟的形式举办，利用专为扩展现实设计的会议平台，参会人员能够在一个虚拟环境中自由移动、参与学术交流和互动提问。

（一）虚实融合的混合式学习空间

XR 技术赋能的沉浸式学习环境，正引领着智慧学习环境发展的新风潮。过去的十余年中，一些学校积极构建多样的学习空间，旨在无缝集成 XR 技术并充分利用新兴的沉浸式教育资源。其中，混合学习空间与 XR 沉浸式实验室成为这一趋势的两大重要实践。"Roopesh 的研究团队初步探索了通过以 MOOC 为中间桥梁充分利用 AR、VR 和 HOLO 的技术潜力将物理学习空间和虚拟学习空间结合起来打造一个混合学习空间"[1]，该项目旨在构建一个融合实体教室与虚拟现实的混合学习环境，提升学习体验。该学习环境遵循四大核心设计理念：第一，打造一个激发学习者创意潜能的互动空间，鼓励他们通过实践活动探索新知领域，释放创新思维；第二，通过定制化的学习路径，使理论知识转化为实际行动，确保每位学习者能按个人节奏掌握并应用所学；第三，采用动手设计和迭代方法，专注于解决复杂问题，培养高阶思维和解决问题的能力；第四，利用虚拟

---

[1] Roopesh S, Neo T K, Neo M, et al.Assisting AR, VR and hologram learning experience through MOOC[C].The 6th International Conference of the Immersive Learning Research Network（iLRN）, 2020.

学习空间，克服实体空间的局限，拓展学习的边界，提供无限的学习资源和交流平台。

（二）基于扩展现实的虚拟实验室

长久以来，教育领域对虚拟现实辅助学习的探索未曾停歇，如利用"第二人生"（Second Life）可视化化学概念，让知识具象化。然而，这些尝试多局限于电脑屏幕的二维平面上，依赖于鼠标和键盘的简单操作，缺乏直观的沉浸感。尽管有研究者尝试通过特殊遥控装置引入触觉反馈来增强在线化学实验的互动性，但这些尝试仍受限于二维界面，无法提供自由视角变换和深度互动，也就无法充分展现复杂流动交互的丰富性。加州州立大学圣马科斯分校为了激活学生的学习动力，创新性地设计了一套基于扩展现实（XR）的虚拟实验室系统，使学生有机会体验那些在常规课堂难以触及的实践操作场景。这项研究依托于"注意—关联—自信—满意度"（Attention-Relatedness-Self-confidence-Satisfaction, ARS）模型，深入分析 XR 虚拟实验室对学生学习动力的正面效应。该模型聚焦于学生在学习过程中的注意力集中度、内容相关性感受及个人自信心，并以此作为衡量标准，期望通过此研究透彻分析 XR 技术在教育领域的广泛应用潜力，为未来教育技术创新提供实证依据。此次研究选取的样本来自该校"运动机能学 301：运动控制与学习"课程的学生，共计 148 名。他们通过参与 XR 沉浸式实验室的学习活动，实验前后其学习动力的变化被仔细记录。在实验结束后，每个参与实验的学生都需要写一份个人反思日志，详细述说他们在虚拟实验室的体验，并通过匿名形式完成了在线教学动机量表（IM 量表）。该量表用以量化学生的学习动力，覆盖注意力集中度、内容与个人相关性、自信心及满意度等维度。研究结果显示，与传统教学模式相比较，XR 沉浸式实验室显著增强了学生的学习动力，这无疑为 XR 技术在教育实践中的推广提供了强有力的证据支撑。

化学学科是开展实验较多的一个学科，在这个学科中开展基于扩展现实的虚拟实验有广阔的空间。当前，网络化学教育大多局限于二维界面的点击操作，缺失了实体实验室的触感。为了弥补这一缺憾，Amador 等提出了滴定实验，"用相应的物理触觉滴定管，将实验室的物理感觉嵌入虚拟现实学习中，以获得更广泛的访问"[1]。其研究旨在使学生得以真实体验实验操作的触觉感受，加深对核心化学原理的理解。他们构建的虚拟现实滴定实验，强化了在线化学教学体验。学生不仅能看到虚拟液体反应的颜色变化和混合过程，还能通过虚拟滴定管的液面读取体积，模拟实际实验操作。通过 3D 打印技术，学生手持的电子滴定管与虚拟现实互动，实现了物理与虚拟的无缝对接，让滴定实验的过程体验更加真实。给予学生强烈的现场感，通过实际操作获得更深的领悟。这种 XR 技术驱动的虚拟实验，为化学教育开辟了新的教学模式，使学生能在虚拟中实践操作，弥补传统在线学习的不足。

（三）基于扩展现实建构游戏化学习

游戏化学习作为一种创新教育模式，伴随严肃游戏与教育游戏的兴起而兴起，核心在于借力游戏的平台与设计精髓，如元素、策略和技巧，来增强学习者的动力，鼓励主动探索知识。特别是通过扩展现实技术构造的沉浸式游戏场景，不仅极大丰富学习的乐趣，更跳脱了传统二维界面的框架，深化了学习者（同时是游戏玩家）与学习环境的互动层次。这种方式让学习者得以在安全的虚拟空间中体验现实中可能危险或令人恐惧的情境，同时拓宽了行动受限学习者探索世界的视野。

以 STEM 教育面临的挑战为例，Bodzin 等人专门针对在这些领域遇到困难的美国高中学生，研发了一款沉浸式虚拟现实（iVR）游戏，"供中学生了解流域内的地理位置，主要关注他们所在的城市"[2]。iVR 游戏利用虚拟现实耳机创造出接近真实的视觉与听觉效果，结合手持控制器，使用户在三维虚拟世界里实现类似现实的互动与操作。穿戴设备的使用者可自由穿梭在这个人工构建的世界，观察四周，且在无外界干扰的教室环境中，与虚拟内容直接互动。

iVR 游戏环境呈现出对学习者有很大吸引力的几个特点，诸如对用户体验的

---

[1] Amador C, Liu F W, Johnson-Glenberg M C, et al. Titration experiment: virtual reality chemistry lab with haptic burette[C].The 6th International Conference of the Immersive Learning Research Network（iLRN），2020.
[2] Bodzin A, Junior R A, Hammond T, et al. An immersive virtual reality game designed to promote learning engagement and flow[C].The 6th International Conference of the Immersive Learning Research Network（iLRN），2020.

主动控制、自然而安全的环境，以及真实世界情景的真实再现，提高参与度和学习能力。iVR 提供真实的地理位置感和对特定地点的沉浸感。在 iVR 游戏环境中，真实世界的图像、丰富的内容、实时数据、生动的动画、交互式视频以及引人入胜的叙述被巧妙融合，共同营造出一种深度沉浸的学习氛围。这种技术通过模拟现实却不受现实限制的空间，为学习者搭建了一个探索与实践的理想平台。对于非英语母语的学习者而言，iVR 能够提供一个更加直观和互动的学习环境，减少语言理解的障碍（图 3-4-2）。

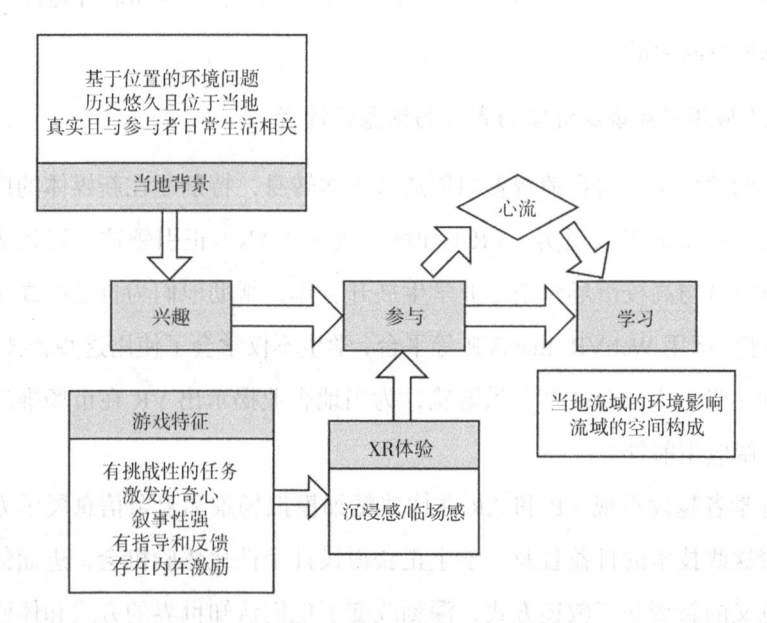

图 3-4-2 沉浸式游戏化学习的概念模型

iVR 学习模型着重通过虚拟现实游戏体验来增强学习互动性和参与度。一般来讲，可以将"参与"定义为个体在任务中的专注和持续投入，也正因为如此，参与和适应性、自我调节学习有很大的关系。这实际上是学习者与任务及周围环境互动的结果，展现为三个核心层面：一是行为层面，涉及学习活动的实际参与；二是认知层面，关注思维活跃度和内容理解；三是情感层面，情感联结学习过程的感受。基于游戏的 iVR 学习将学习置于实际情境中，提供深度沉浸、即时和个性化的学习体验，显著提升了青少年的高度参与性。

（四）应用扩展现实打造沉浸式学习情境

XR 技术正逐步成为塑造未来劳动力培养的关键力量，其在专业领域的应用已初露锋芒，但当下急需将其拓展至更广泛的入职领域，包括软技能的提升及多元化的培训项目。有学者进行了一项基于随机对照试验的分析，以"确定虚拟现实培训项目在培养社交技能方面的总体有效性"[①]。该研究证实了 XR 训练在促进社交技能提升上的平均表现超越了传统方法。尽管过往研究多聚焦于身体技能的模拟训练，XR 技术在人际互动及特定社会情境中的应用尚属研究蓝海，其具备巨大的探索空间与潜力。

（五）应用扩展现实让学习者成为创意设计者

学生的角色正从内容消费者向创造者华丽转身，特别是在新媒体的广阔舞台上，沉浸式技术如虚拟现实（VR）和增强现实（AR）正引领这一转型潮流。一些学术研究者与高校市场营销专业学生展开合作，帮助他们为自己的高端项目开发 VR 体验。运用 WebVR、InstaVR 等平台，学生不仅学会了使用这些新技术工具，还通过创作吸引人的 360 度全景游览，为当地企业揭示出 VR 在市场推广及公关领域的广阔应用前景。

教育学者越发重视 VR 和 AR 在构建精细模拟场景和复杂信息展示方面的潜力。随着这些技术的日益普及，学生正获得设计个性化体验机会，进而创造出富含深度意义的新型交互叙述方式，深刻改变了他们认知世界的方式和体验。生活和学习在这样的混合现实环境中，不仅促进了集体参与和协同创造的文化，还为学生提供了一片试验田，去自由探索沉浸式技术的无限边界，进一步巩固了他们作为新媒体时代活跃创造者的身份。

---

① Kickmeier-Rust M D, Leitner M, Hann P. Virtual reality in professional training: an example from the field of bank counselling[C].The 6th International Conference of the Immersive Learning Research Network （iLRN）, 2020.

第五节 人机协同教学推动实现智能教育

一、人机融合智能及人机协同的概念

（一）人机融合智能

人工智能技术的根本追求是作为人类智能的延伸和辅助工具，强化而非简单地替代人类角色。尽管自动化技术在制造业中显著减少人力需求，但在教育的领域能力培养和人格塑造上，教师的角色依旧无可比拟。人机协作的愿景在于联结人类智慧与机器能力，形成合力，以更高效应对复杂挑战。过去，AI发展侧重于信息处理，诸如"深蓝""沃森""AlphaGo"等里程碑项目，它们展示了强大的数据处理与决策能力。未来则趋向于人机交互，即人机融合智能，混合增强的智慧形态。这与纯机器或传统人工智能不同，强调的是机器智能与人类智能的系统性整合。刘伟的"深度态势感知"理论恰是人机融合的范例，融合了人类智慧与机器智能的双重优势。郑南宁院士对混合智能的分类，特别是"人在回路的混合增强智能"模式，强调人的主动参与，基于机器输出进行决策调整，这凸显了人机协同的互动本质。

（二）人机协同

马克斯·泰格马克在其2018年出版的《生命3.0：作为人工智能时代的人类》中，全面审视了人工智能时代下人类的未来走向。不同于斯蒂芬·霍金、比尔·盖茨和马斯克等人对AI持有警惕的立场，马克斯·泰格马克呼吁以理性客观视角审视AI的发展。他认为，盲目崇拜或抵抗AI皆非良策，主张人类应与AI和谐共生，各领域内深度融合。如今的AI不仅算力增强，更在于其收集与解析多元数据，赋能决策科学性和情境化理解的深度。人机协同被视为扬长避短的黄金法则，催生出的崭新人机融合智能形态，在教育领域尤为显著，智能教学系统的

实践即为 AI 潜力的明证。

20 世纪 80 年代以来，计算机科学与机械工程等学科的先驱者便逐步探索人机协同的雏形。例如，"张守刚等在讨论机器求解问题时提出，机器求解问题，实际上是人—机求解问题系统"[1]。钱学森等先后给人机协同作出过定义："人与机器各自发挥特长、协同工作"[2]，这成为学界的共识。人们普遍认同，在人机协作体系中人的角色不可或缺，强调协同而非替代，人机应并肩而非机器独行。随着人工智能技术演进，机器智能日益繁盛，数据处理、语音识别、图像及视频识别等技能日益精通。当前的手势识别与眼动跟踪技术，已臻精密。机器智能的智能化水平，使其在某些领域甚至超越人类，如 2017 年 AlphaGo 击败世界围棋冠军柯洁，展示了机器智能围棋的创新力，启示人类学习机器策略。人机协同理念与人工智能技术的发展同行并进。人机协同历经了共生、协作到融合三个阶段。在人际融合智能阶段，重在人智与机智的互补，共筑成 1+1>2 的效应。人机协同思想的核心，始终在于人智与机智各司其职，两者协同，实现人机协同智能。在教育领域，如何更优地以人机协同服务教学，成为核心议题。

在教育的广阔领域中，智能技术的融合应用日益彰显人机协同的紧迫性，促使教学场景和实践模式发生深刻变革。人机协同的教育应用远远超出了教学的基本框架，它渗透到教育管理、考试监管、家庭教育、社区教育、成人继续教育及特殊教育等多个维度。

（三）教育教学领域人机协同的内涵辨析

研究表明，技术进步并未削弱专业人员的能力，反而增强了他们的效能。计算器使数学家的运算更为高效，文字处理器和智能软件为作家提供了便捷的写作环境。教育领域中，人机协作旨在促进学习者达成更高效、高质量的学习体验。在这里，"人"与搭载人工智能的"机"都围绕学习者为核心，共同服务并提升其学习进程。随着人工智能技术的不断发展，人机协作的侧重点与角色的分配也

---

[1] 张守刚，刘海波. 人工智能的认识论问题 [M]. 北京：人民出版社，1984.
[2] 钱学森，于景元，戴汝为. 一个科学新领域：开放的复杂巨系统及其方法论 [J]. 自然杂志，1990（1）：3–10, 64.

在演变，人工智能逐步接手部分教师的传统职责，而教师则能有更多时间聚焦于高级、个性化且促进学生创造力发展的教学活动。人机协作的内在逻辑在于，智能技术作为学习的辅助伙伴，与学习者并肩同行，而"人"的概念不仅限于教师或家长，也包括学习者自身。蔡连玉等指出"人机协同系统由计算机与人类共同组成，该协同系统共有三个重要元素"[①]，即人、机以及它们之间的协同作用。因此，在人机协同的教学场景下，清晰界定人的角色、机器的职责以及双方如何有效协同，是理解人机协同教育模式的核心所在。

1. 关于人和机器智能各自的分工问题

机器在执行重复性任务、高速运算、大数据处理、精确分类和基于规则的决策等方面展现出显著优势，人类则在情境理解、跨领域整合信息、多维度决策、策略性资源管理、抽象价值导向决策及建立人际关系上有独到之处。乔布斯曾总结，认为人的核心能力在于智慧和灵感，而机器的强项则在于其无与伦比的数据处理能力。这一区分得到了众多学者的认可，如刘步青指出计算机擅长逻辑推理，无论是演绎、归纳还是类比，而人类的专长则在于决策选择与价值评估。李平等人进一步强调，尽管机器智能在搜索速度、计算强度、数据存储及优化问题解决上超过人类，人类智能却在感知世界的微妙、进行深度推理、从经验中归纳学习，特别是直觉判断上占据绝对优势。不过，随着人工智能技术的迅猛发展，这些传统界定日益模糊。在感知能力上，机器通过高精度传感器和先进算法，如在教育领域对学生学习模式的精准预测，正逐步逼近甚至在某些方面超越人类。在创新创造层面，如在围棋等领域的机器不仅学会了人类的策略，还能自我创新，开发新战术，这显示出机器智能在原本被认为是人类专属领域的渗透。这一趋势暗示着，人类与机器的职责界限正在经历重新定义，人类的分工范围正面临缩小的危机。

2. 关于人机如何协同的问题

人类在决策和推理方面具有不可替代的优势，而机器则擅长处理重复性、耗时且需要精确计算的工作。这种人机分工在教育中尤为明显。例如，在语文课堂

[①] 蔡连玉，刘家玲，周跃良. 人机协同化与学生发展核心素养：基于社会智能三维模型的分析 [J]. 开放教育研究，2021，27（1）：24-31.

上，人工智能可以收集学生的作文，并进行智能评阅，提供得分和详细的评阅报告。教师则根据这些报告和得分，给出具体的修改建议。这种分工使人机协同智能得以实现，提升了教学效率和评阅的精准度。教师在教学中不仅需要展示传统的人类智能，还要充分发挥人机协同智能的优势，"人机协同智能是将教育教学任务在人与机之间合理分配，以达到教育教学效果最优化的能力"[①]。教师对智能技术的采用，不仅局限于使用某些平台和系统，更重要的是能够深入挖掘这些技术的功能，主动将部分教学任务交给这些系统或平台。通过主动了解和运用智能技术，教师可以使这些技术一方面代替自己完成某些教学任务，另一方面在传统教学中无法高效完成的工作也能借助智能技术得以实现。因此，不同维度上的人机协同形成了多种协同模式，优化了教学效果。

第一，基于学习时间安排的视角形成的人机协同。例如，在某一段时间内，机器智能可以辅助学生自适应地完成学习任务，在此之前、之后或同时，教师和学生之间可以进行互动对话。这种时间上的分工，实现了人机在时间安排上的协同。佐治亚理工学院的一位数学教师通过一个智能问答系统为学生提供课后的答疑服务，持续近三个月的时间里，学生都未能察觉到这些答疑其实是由机器完成的。这一过程中，教师和智能问答系统有效地完成了课内和课后的紧密协同，显著提高了教学效率和学生的学习体验。

第二，基于学习内容难度不同形成的人机协同。在学习流程中，简单、易懂的内容适宜学生自主探索，无须教师过多介入；对于高难度、需要精细解析和密切监督的部分，则教师亲授。以舞蹈教学为例，以往基础动作的反复练习需要教师密切监视。随着智能技术的发展，基础动作可通过视频识别技术监控，由智能系统辅助初级阶段的指导；进阶至复杂动作，再由教师亲自传授，此模式既提效又减负，使教师能专注深度教学。

第三，智能评阅和自动评分是辅助教师形成最终评价的依据。智能阅卷系统通过搜集并分析学生作文数据，给出初步修订意见，教师依此反馈科学指导，给出精准反馈。自动评分系统负责监测学生学习进程，但最终评估还需教师裁决。

---

① 吴茵荷，蔡连玉，周跃良. 教育的人机协同化与未来教师核心素养：基于智能结构三维模型的分析[J]. 电化教育研究，2021, 42（9）：27-34.

这种人机协作在评价中形成了有力的伙伴关系，提升了阅卷效率与评估的精确度。

由此可以看出，人机协同智能的融合使机器在教学过程中扮演多重角色。它们可以根据情境灵活转换为辅导者、学习伙伴乃至咨询顾问。

佐治亚理工学院研发的智能问答系统即一个实例，它作为辅导者，及时解答学生课后疑惑。同时，许多智能教学平台化身为学习的同路人，陪伴学生共学，于难题面前提供策略或资料线索，助其快速恢复学习动力。学习的每个阶段，智能技术的适时介入、内容匹配、数据的收集与分析维度，都需要人类精心设计。因此，人机交互虽表面看来机器似乎自主参与，实则所有行动基于人类设计者的预设构想，人始终是幕后主导，机器的参与是人类智慧的延伸与具体化表现。

二、人机协同的应用实例

为应对大规模教学中普遍存在学生流失的问题，以减少辍学率，Pardos 等人携手 edX 开发了一种创新的教师辅助预测模型，"使教师能够对学生进一步参与学习的情况作出预测分析，力图通过人机协同掌控教学节奏，为学生提供个性化指导"[1]。在开放式课程中，个性化指导是学生的宝贵资源，人机高效协作正是缓解这种资源稀缺的有效途径。研究团队利用 2015 和 2016 两年间 edX 平台上 102 门课程的数据，为每位教师配备了数据仪表板，这些数据源自 edX 的海量记录，涵盖课程日志、学习者在线互动点击流数据、每周学生活动向，以及学员的完整注册信息，如邮箱地址。他们采用了 RNN（循环神经网络）这一深度学习模型来分析学生行为，结合点击流数据，确保预测模型的高准确度。教师操作流程如下：首先，教师登录 edX 仪表板，进行学习者行为分析；其次，利用仪表板的筛选功能选取特定学生组的邮箱；最后，根据分析结果预测学生的学习趋势，决定须干预的个别学生，并发送定制化的指导邮件。

---

[1] Le C V, Pardos Z A, Meyer S D, et al.Communication at scale in a MOOC using predictive engagement analytics[J].Artificial Intelligence in Education，2018，10947：239-252.

三、人机协同教学中的教师角色转换

（一）人工智能视域下的教师胜任力特质剖析

信息技术在教学中的广泛应用对教师在技术的意识认知、应用实践及课程设计方面提出了更高的能力要求，对数字化背景下教师教学胜任力的界定与探讨是探讨人工智能2.0时代教师教学胜任力的前提与基础。

教师的胜任力模型是教师角色能够满足职位要求所具备的能力特征集。国内对教师胜任力的相关研究，从研究方法上看，以前期的文献分析为辅，以问卷、行为事件访谈（Behavioral Event Interview，BEI）为主，或通过量化的数据来分析梳理对教师胜任力的要求，或采用质性编码结合特征因子的分析建构教师胜任力模型，抑或将二者结合进行系统的描述。从研究内容上可以将主要研究分为从教学阶段划分的教师胜任力研究和指向特定教学形式的相关研究。

在从教学阶段划分的教师胜任力研究中，对中小学教师的胜任力研究较为完善，如徐建平等"运用行为事件访谈技术通过对被访谈教师的180个关键事件的主题分析、行为编码以及对不同绩效教师胜任特征的差异比较，构建了可聚类为服务特征、自我特征、成就特征、认知特征、管理特征、个人特质六大胜任特征群，包括11项鉴别性胜任特征和11项基准性胜任特征的中小学教师胜任力模型"[①]；罗小兰"采用问卷调查、行为事件访谈技术辅以开放性问卷、一般访谈、胜任力特征核检表等手段，构建了包括关系特征、成就动机、长远规划、外界支持、认知特征、教学智能、人格特征、管理能力、情绪特性9个胜任力特征因素群，涉及28项具体胜任力特征的中学教师胜任力模型"[②]；李晔等"以毕业生的回溯性评价为绩效标准，采用行为事件访谈法建立了以人格特质、自我概念、影响力、管理能力、成就特征、认知能力为特征群，包含主动性、人际了解、冲击与影响、关系建立、学生服务导向、培养他人、团队合作、分析性思考、自我控制、自信心、责任心、尊重他人、正直诚信和反思与改进等14项具体胜任特征的中小学

[①] 徐建平，张厚粲. 中小学教师胜任力模型：一项行为事件访谈研究[J]. 教育研究，2006（1）：57-61，87.
[②] 罗小兰. 中学教师胜任力模型探究[J]. 教育理论与实践，2010，30（34）：50-53.

教师胜任力模型"[1]。对幼儿教师、高校教师及职业院校教师的胜任力研究相对薄弱，董圣鸿等"采用行为事件访谈法结合问卷调查以及对叙述事件的主题分析和行为编码，构建了包含 9 项个人特质的基准性胜任特征以及沟通与交往、专业知识与技能、自我意象、追求卓越、成就能力 5 个维度共 34 项鉴别性胜任子特征的幼儿教师胜任力模型"[2]；王林雪等"通过教师特征因子提取与问卷统计分析，提出研究型大学教师胜任力模型应包括个人特质、科学研究、人际沟通、个人品质、主动奉献 5 个一级指标和 31 个二级指标"[3]；赵呈领等"结合职业院校教师信息化教学能力水平上存在的问题和职业院校特色，从信息化教学意识与责任、教学基础与技能教学应用与实践、教学设计与开发、教学研究与创新 5 个方面初步拟定了阶梯状职业院校教师信息化教学能力的框架模型，能力结构模型采用了模块化的三级结构，在每级模块中描述了具体的绩效指标"[4]。

在指向特定教学形式的相关研究方面，罗洪兰等"以远程教育专职教师为研究对象，基于文献研究进行访谈与开放式问卷调查，构建了包含职业知识、职业性格、教学技能、社会适应性与职业技能 5 个一级指标、合计 16 项二级指标的远程教育专职教师胜任力结构模型，并进一步对模型中每项指标进行了分析评述"[5]；郝兆杰等"针对翻转课堂教学模式，在文献研究的基础上首先初步筛选出高校教师翻转课堂教学胜任力因子，再通过德尔斐法对高校教师翻转课堂教学胜任力初步模型进行探索性因素分析和验证性因子分析，最终形成翻转课堂模式下知识、技能、特质与动机、态度与价值观 4 个维度，以 10 项通用胜任力和 17 项核心胜任力为划分具体标准的教学胜任力模型"[6]。

在整合国内外关于教师胜任力的深入分析基础上，借助改进的"冰山模型"这一经典框架，我们可以从显性（外在、可观测的）与隐性（内在、不易直接观

---

[1] 李晔，李哲，鲁锐，等.基于长期绩效的中小学教师胜任力模型[J].教育研究与实验，2016（2）：74-78.
[2] 董圣鸿，胡小燕，余琳燕，等.幼儿教师胜任力研究：基于 BEI 技术的模型构建[J].心理学探新，2016，36（5）：451-457.
[3] 王林雪，郑莉莉，杜跃平.研究型大学教师胜任力模型构建[J].现代教育科学，2012（1）：65-69.
[4] 赵呈领，陈智慧，邢楠，等.职业院校教师信息化教学能力现状调查分析与模型建构的启示[J].工业和信息化教育，2015（8）：8-14.
[5] 罗洪兰，杨亭亭.远程教育专职教师胜任力的研究[J].中国电化教育，2008（9）：32-35.
[6] 郝兆杰，潘林.高校教师翻转课堂教学胜任力模型构建研究——兼及"人工智能+"背景下的教学新思考[J].远程教育杂志，2017，35（6）：66-75.

测的)两个层面,对教师的教育胜任力进行细化划分。其中包含6个一级维度(知识学习与整合、技能应用、课堂实施能力、情感态度、教学意识、教学设计能力)及对应的合计27项二级维度,下表详细呈现了这27项胜任力特征的具体内涵(表3-5-1):

表3-5-1 教师的教学胜任力特征集

分类	一级维度	二级维度	具体内涵
显性教学胜任力	知识学习与整合	教育与心理	1. 教育学知识,包括教育传播学、教育哲学等,能够支撑教师有效开展教学活动 2. 心理学知识,保障教师妥善处理教学中的人际关系
		通识基础	教学规律、教师日常教学经验、常识信息的积累总结等
		学科内容	本学科及相关学科体系的概念定义、专业公式、研究范式、理论思想等
		专业前沿	本学科及相关学科的最新进展、国际资讯与研究热点
		环境知识	关于教学环境适配、课堂氛围营造的理论知识
		技术知识	1. 对技术工具的陈述性描述、概念阐释等,如对电子白板的介绍与使用手册 2. 关于整合技术与教学、学科内容的知识,如TPACK体系
	技能应用	技术选择	结合学科内容与课程实际选择不同的视听媒体及呈现、交互工具
		技术应用	正确、高效使用所选择的技术工具进行课堂实践
		管理与维护	对技术设备的安置、保管、维护等
	课堂实施能力	交互与表达	对教学内容的准确表达、传授及课堂互动
		即时应变	对教学中突发状况的冷静分析、实时转化,最终妥善解决问题的能力
		评价反馈	对课堂教学中提问质疑的回复及学生表现的即时评价
		课堂组织	能使用恰当的教学策略组织讲授、演示操作、讨论、测验总结等课堂环节
		课堂管理	1. 按照课程大纲合理安排并有序推进课程进度 2. 保障课堂纪律、秩序

续表

分类	一级维度	二级维度	具体内涵
隐性教学胜任力	情感态度	人际关系	1. 与同事、行政领导阶层的和谐关系 2. 师生关系融洽
		需求动机	教师实践教学、引导学生的动机是正向、积极、主动的
		教师道德	有符合教师职业道德标准的责任感与使命感
		价值观念	具备符合社会主义核心价值体系的世界观、人生观和价值观，有自我价值实现的需要
		专业发展	终身学习意愿，参与日常听课、议课、评课等，保障自身专业技能与时俱进、不断发展
	教学意识	数据意识	对教学过程数据、师生交互数据、工具软件的分析结果数据等的主动知觉，具备收集数据并应用数据分析结果改进教学的意识
		资源意识	有意识地了解校内外及互联网、各大教学平台的教学资源，能够选用合适的教学资源辅助教学，推荐相关配套资源给学生自主学习
		技术适应性创新意识	以积极开放的心态面对、引入技术使用，消除畏难情绪 1. 有意识地对国内外新的教学模式进行探索实践，创新符合 2. 具备培养学生想象力、创造性的意识
	教学设计能力	目标制定	能够按照课程大纲完成课前教学材料的准备，科学制定、撰写清晰明确的教学目标
		学情分析	联系实际教学中学生的学习特点及个性特征，准确分析、设计与之相适应的教学方案
		教学支架	提供知识、技术等方面的学习支持，拓展学生的学习域
		评价反思	1. 对自身教学过程的深层反思，撰写教学日志 2. 制定科学的评价指标，对学生作业、行为表现客观评价

（二）教师胜任力的操作模型

1. 教师教学胜任力的操作模型

教师教学胜任力虽可经由一系列的特征集来定义，但其精髓在于教学实践中的实际操作。构建的教师教学胜任力模型根植于传统教学四阶段：课前备课、课堂讲授、课后辅导及形成性评价，并在此基础上深入融合资源集成中心，智能教学空间、数据处理中心，从而形成了人工智能 2.0 时代下的教师教学胜任力的三个阶段性回路（图 3-5-1）。

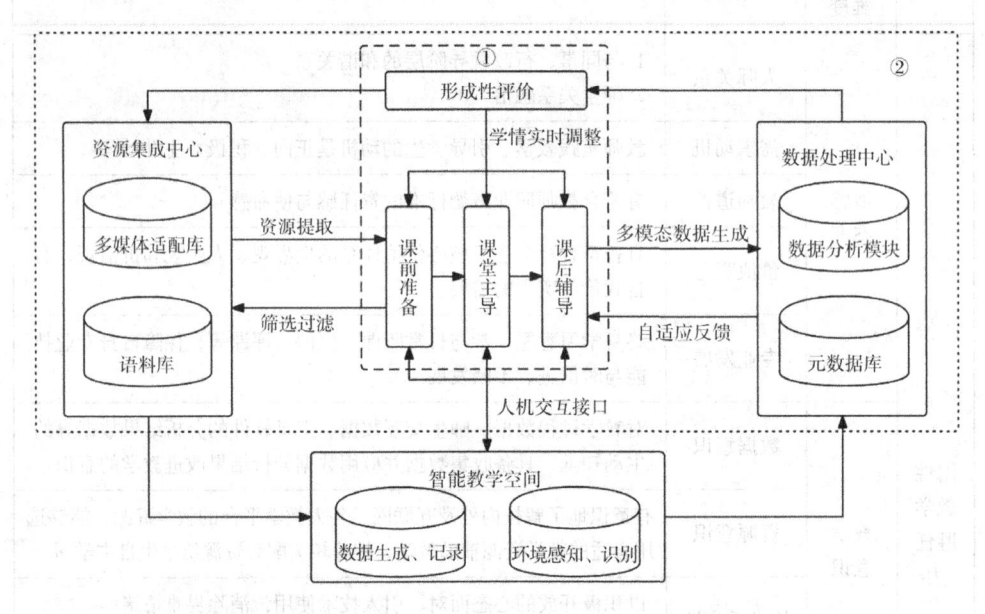

图 3-5-1　人工智能 2.0 视域下教师教学胜任力的操作模型

（1）模型组件分析

教师教学胜任力的核心体现于教学活动的四个基础环节：课前准备、课堂实施、形成性评价及课后，其中，形成性评价是持续贯穿连结整个过程的脉络，通过即时反馈便于教师实时掌握学习情况，从而进行教学的动态调整。这一模型的各个教学步骤具体活动框架源自图 3-5-1 的教学流程图，而支撑这一流程的三大核心在于资源集成中心、智能教学空间及数据处理中心，这三个模块在人工智能 2.0 技术背景下，为教师教学胜任力作出了新的诠释。

①资源集成中心

资源集成中心，作为教师课前准备阶段的强有力支撑，整合多媒体适配库和语料库。多媒体适配库囊括了丰富的文本、音频、视频等多媒体素材，满足教师在内容制作时对多元化教学资源的需要；而语料库则提供了一系列的教学语言组织模板和表达指导，辅助教师更好地构思和表达教学语言，提升课前备课的质量。在课前准备阶段，教师通过教育智能代理筛选、提取与所授教学内容相匹配的资源与媒体，同时资源集成中心将教师的资源提取过程记录在教师行为模型中，构成教学元数据库中教师行为元数据，通过元数据刻画的教师教学风格可以为教师教学提供更加精准化的资源适配。

②智能教学空间

智能教学空间凭借人机交互技术，实时捕获教学数据，从教师授课到学生反馈均细致记录、存储并上传云端。这一技术的实现得益于人工智能 2.0 的感知与认知智能的发展，微软开发的不受线缆限制的全息计算机设备 HoloLens 即可以跟踪人体的眼球、手势、语音等，通过摄像部件对室内物体进行观察，得到室内桌子、椅子和其他对象的方位，然后基于增强现实技术在这些对象表面甚至内部投射 3D 图像，形成用户与周围真实环境的全息影像互动。

③数据处理中心

数据处理中心是支撑教学反馈与自适应功能的关键，其核心构建在数据分析模块与元数据库之上。数据分析组块封装了数据挖掘能力，对智能教室、互动白板等教学场景中收集的多元化数据进行深度分析，无论结构化还是非结构化数据，都能被精确统计、量化，通过可视化反馈教师，帮助其直观理解教学活动效果。元数据库则集成学习者特征、教师行为模型等元数据，存储学习风格、偏好等个性化信息，确保数据分析模块能据此提供定制化反馈，匹配教师与学生需求，促进教学互动。

（2）三个阶段性回路

第一，教学基本环节回路。

如图 3-5-1 所示中①标识的基础环节回路代表了教学基础流程，不依赖数字化技术，体现教师的纯粹教学艺术。课前备课、课堂主导、课后辅导，此三环节构成了传统教学的序列。人们对教学设计环节的评价日益重视，为此形成性评价、诊断性评价和总结性评价共同塑造了教学第四环节——评价的重要组成部分。其中，诊断性评价多用于教学前期对学习者学情的评测掌握，总结性评价以结果为导向对学习者绩效表现进行评定，形成性评价是最为重要的评价组成部分，贯穿于整个教学活动中，改变了教学单向线性关系，通过交互行为使教师对教学效果实时掌控，便于及时按照实际教学情况对教学过程进行调控。

第二，数据融入回路。

数据融入回路强调的是资源与信息在教学活动中的流转与优化过程，映射在图3-5-1中②框定的区间。这一回路始于资源集成中心，它汇聚并精选网络与教育内容，为教师在教学各阶段——备课、媒体整合、内容演示、习题设计、作业布置、成绩评估、辅导互动指导等提供丰富素材。这些互动与学习活动产生的数据流向数据处理中心，通过算法智能分析，双轨并行：一方面，即时反馈形成性评价，指导教师调优教学策略；另一方面，教师与学生行为、知识偏好等元数据归档于数据库，经智能算法长期学习，反过来优化资源集成中心的匹配算法，为教师推送更贴合教学的资源，形成资源与数据的闭环优化路径。目前对人工智能的应用在数据融入回路阶段已经得到了较好的实施与普及，虽然虚拟现实、增强现实等人工智能技术在部分学科实验上得以应用，但是距离实现教学与智能教学空间的无异感融入仍有一定的差距。

第三，沉浸式体验回路。

沉浸式体验回路作为人工智能2.0时代人机融合的标志，标志着教育领域中人机智能协同的深入融合，实现了教学基础四环节与三大核心模块间的动态交互。智能教学环境的构建，将教育嵌入了大数据的生态，使每一个教学瞬间都能被智能捕捉、精准识别、翔实记录、存档并经过智能算法分析，以服务于教学的最优化目标。值得注意的是，沉浸体验阶段强调教学与智能环境的无缝衔接，尽管当前语音、图像及动作识别技术已相当成熟，但其精度与反应速度仍受制于神经网络的训练水平，情感鼠标等情感类智能设备仍处于小规模的部分智能阶段。北京等地推出的共享教室作为智慧学习环境的新形式，打破了物理空间思维，使用扩展屏幕取代黑板，一方面教师可以呈现更多的教学信息，另一方面，扩展屏幕可以更为完整地记录教师的教学过程，有助于后期对教学数据的综合分析与效果可视化。但是共享教室仍是基于对自然教学行为数据的采集与分析，实现教学诊断的精准化与教学决策实时科学化，尚不能达到无感化智能普及应用的程度，可以预见未来人工智能服务于沉浸式教学体验仍有很长的路要走。

（3）教师教学技能的操作性要求

随着人工智能 2.0 时代的到来，教育信息化由技术应用时代走入人机协作时代，教育大数据、智能教学代理等技术将互联网的大量优质教学资源与实践教学整合统筹，催生了以学生为中心、强调个性化、沉浸式体验的多种新型教育形态，这考验着教师对诸如 MOOC、STEAM 教育、游戏化教学等教学模式的解读与实践，需要教师对人工智能 2.0 融入教学过程具备切实的技术转化和应用能力，具体而言包括如下八个方面：

第一，利用人工智能辅助筛选教学资源，实现课程内容的智能匹配与智慧备课，简化知识整理过程。

第二，根据课堂内容灵活融入智能实验、虚拟现实等多元媒体互动，丰富教学呈现。

第三，融入 MOOC、游戏化学习等元素，构建混合式教学新形态。

第四，借助社交媒体与教学平台促进师生互动，建立数据记录，增强学习社群网络。

第五，运用配套的智能测试系统，确保课堂评估的科学性和规范性，提升测试效率。

第六，采用作业提交与批改网平台，智能诊断学生作业，精准反馈，减轻教师负担并提高批阅效率。

第七，依据学习者电子档案及学习过程数据，实施个性化教学策略，客观评价学生发展，科学规划教学。

第八，为学生推荐课后学习资源与平台，支持个性化自学，延伸课堂之外的自主学习旅程。

2. 实现教学胜任力重构所需要的非操作性要素

图 3-5-1 所描绘的教师教学胜任力的操作模型，不仅展示了教师在教学活动中的实际操作调整，还通过其构成模块和阶段性的分析路径，揭示了在人工智能 2.0 时代，教师要将技术融入教学，需要掌握八大关键技能转变。然而，除了这些具体技术应用，教师在态度、意识及对 AI 的认知层面上，也需要具备与智能

环境相协调的能力，以确保教学的高效进行。

以乐观、积极的态度面对 AI 与教学的融合。教师需要正面迎接 AI 在教育中的应用，特别是在人工智能 2.0 时代，技术的智能化升级和工具引入，对技术能力较弱的教师而言，意味着需要花费更多的时间提升自身。学校提供适当的外部激励措施可以从外部需求上缓解教师的畏难情绪，但关键在于教师自身的内在驱动力和对技术的开放接纳，以此真正让 AI 赋能教学，从而提升教学成效。

形成强大的资源意识和数据意识。如图 3-5-1 所示中设置的数据处理中心和资源集成中心，要求教师能灵活依据课程标准，基于学习者需求选取优质教学材料。这不仅考验教师的信息筛选和处理能力，更需要培养其对数据的敏感度和资源的深刻理解，以便在众多选项中作出精准选择。人工智能 2.0 背景下资源代理与数据外包已经成为减轻教学负担、科学高效地为教学提供辅助的首选方式，资源代理调用教师长期教学行为累积的教学风格模型，精准过滤与教学活动无关的无意义资源，提高教师资源筛选的效率与效果；数据外包采用第三方平台的后台数据配合教师账号信息实现作业或考试的智能化批改与数据统计，以机器代替教师进行重复性活动，提升教师的职业幸福感，进一步解放教师思维，进行创造性教学活动。

首先，在技术认知领域，教师应掌握人工智能的基础理论、流行工具及其在教育中的应用实例，这是技术应用于教学的基石。人工智能技术融入课堂，有望成为缓解教育信息化压力的利器，因它能承担重复性教学任务，教师得以有时间和精力专注教学创新。未来教师角色将更加细分且个性化。跨学科知识的整合与深度加工要求教师在增强社会协作的同时强化专业素养，做本领域学科知识的专家。

其次，信息化时代教师侧重于对技术工具的使用，在一定程度上弱化了学习者思维能力的培养，人工智能 2.0 时代教师被智能机器所解放的时间与精力将会被更加富有创造性的教学活动填补，"人工智能 + 教育"倡导的模式着重于创新、价值塑造与知识传授的综合培养，旨在培育人格完善、思维创新活跃、基础深厚、拥有全球化视野和社会责任感的人才，强调教师进行创造性教学活动的同时培养学习者的创造性思维。

第四章　多学科视角下人工智能教育应用发展对策研究

人工智能技术与教育的深度融合将进一步改变未来教育的生态，使教育更具智慧性。本章主要介绍了管理学视角下人工智能教育应用发展对策、领导学视角下人工智能教育应用发展对策、传播学视角下人工智能教育应用发展对策、生态学视角下人工智能教育应用发展对策。

第一节　管理学视角下人工智能教育应用发展对策

本节将从管理学激励理论的视角对人工智能教育应用的发展提供建议对策。本研究将基于内容激励理论和过程激励理论展开研究。涉及的内容激励理论包括双因素理论、ERG 理论、强化理论。涉及的过程激励理论主要是波特和劳勒的综合激励模型。

一、相关激励理论

激励的本质在于激发和指引教师及学生持续投入努力的关键驱动力。组织激励的核心任务是激发下属的工作热情，将其潜力最大化地发挥出来，确保他们的行为符合并推动组织所追求的目标。

现代心理学的研究揭示了人们行为背后的动机原因。动机，作为一种内在的推动力，不仅促使个体行动，也决定了个体从事某项工作的意愿及其投入的热情高低。通常，一个人是否愿意投身于某项工作，以及他在工作中的积极性大小，主要由他对该工作的动机和该动机的强度所决定。在任何组织中，下属的工作表现不仅是能力的反映，更多的是看其工作热情是否被充分激发，以及他们的动机是否得到了有效的激活。

动机源于人的内在需求。动机过程是一个需求满足的过程，人们之所以愿意进行某些活动，是因为这些活动能够满足他们的个人需求，或者通过完成这些活动，他们可以获得某种形式的需求满足。当个体感受到他们的需求未被满足时，就会产生一种内部的紧张感，这种紧张感会激发他们的内部驱动力，促使他们行动起来以满足这些未被满足的需求。例如，感到饥饿的人会去寻找食物。美国管理学家罗宾斯提出，处于紧张状态的个体为了缓解这种紧张感，会加倍努力，紧张程度越高，个体的努力程度也越大。如果他们能通过努力实现目标，达到需求的满足，这种紧张状态就能得到有效的缓解。动机、需求和行动之间的关系如图 4-1-1 所示。

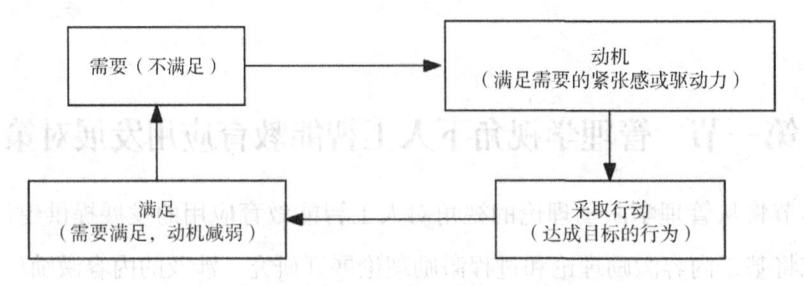

```
┌─────────────────┐           ┌──────────────────────┐
│  需要（不满足） │ ────────> │       动机           │
│                 │           │（满足需要的紧张感或 │
│                 │           │      驱动力）        │
└─────────────────┘           └──────────────────────┘
        ▲                                │
        │                                │
        │                                ▼
┌─────────────────┐           ┌──────────────────────┐
│      满足       │ <──────── │     采取行动         │
│（需要满足，动机 │           │（达成目标的行为）    │
│     减弱）      │           │                      │
└─────────────────┘           └──────────────────────┘
```

图 4-1-1　动机、需求和行动之间的关系

在组织激励过程中，首要任务是诱发和刺激员工的未被满足的需求。事实上，需求的存在并不总是直接导致行为动机的产生。只有当这些需求达到一定强度时，才能激发出真正的动机。在人的需求只是初期阶段时，这种需求往往以一种模糊且不明显的方式存在于人的意识中，仅作为一种心理意向存在。随着需求的不断加强，人们逐渐清晰地了解到是什么引起了内心的不安，并意识到可以通过何种方式来实现需求的满足。这时，原本的意向便转化成更为强烈的愿望。当人的心理状态发展到愿望阶段，并在外部环境的特定刺激下，这种愿望就可能转化为推动满足需求的行动动机。组织通过诱发和刺激员工的这种未被满足的需求，使员工处于一种心理紧张状态，从而激发出行动的动力。当组织在加大对员工紧张感的诱发和刺激时，员工的工作积极性将显著增加，其潜在的能力也得以更充分地发挥。

有效的组织激励过程还必须确保这种减轻紧张的努力是为了实现组织的目标。在尝试缓解或消除心理紧张的过程中，被激励的员工可能会表现出较强的工作热情。然而，只是工作努力并不一定能产生优异的工作业绩。紧张的根源在于个体的内在需求，如果这些需求与组织目标不一致，即使员工展现出高水平的努力，这种努力也可能与组织的利益相悖。因此，有效的组织激励应当促进组织目标与个体目标的一致性。在组织中，缺乏激励的行为或有激励但效果不佳的行为都表明存在组织激励的问题。

在探讨组织激励力的构成时，我们需要考虑行动的效价和期望值这两个核心因素。效价是个人对于实现某一预期成果的偏好程度，抑或这种成果可能为行为者带来的满意程度。而期望值，则涉及通过某一具体行动实现预期成果的可能性。

这意味着，行为者如果采取某种特定行动，其达到预期成果并因此获得某种心理或生理上的满足的可能性。在这个框架中，一个行动如果能够有效满足个体的某种需要，那么这个行动的激励力就是其可能带来的结果的效价与这个结果实现可能性的综合影响的表现。因此，激励力、效价和期望值三者之间的相互作用可以用一个公式来表达：激励力 = 某一行动的效价 × 期望值。

在组织行为学中，激励理论主要被划分为两大类："内容激励理论"与"过程激励理论"。"内容激励理论"专注于探讨管理者应当提供哪些类型的激励和刺激，以便在员工心中激发出真实且强烈的动机，进而引导他们采取行动。此理论深入研究了员工的各种需求的本质和特点，力图解答"员工为何会投入工作中"以及"是什么因素能够激发员工积极工作"的问题。在这个领域中，非常著名的理论包括马斯洛的需要层次理论和赫茨伯格的双因素理论。而对于"过程激励理论"，则着重研究管理者如何有效地把员工的内在动机转化为实现组织目标的具体行为，并考察这些行为如何满足员工个人的需求，以及这种满足感如何影响员工未来的行为模式。这个领域中的主要理论包括维克托·弗鲁姆的期望理论、亚当斯的公平理论以及斯金纳的强化理论等。

（一）内容激励理论

1. 双因素理论

人类的行为具有一定的目的性，表现为寻求实现某种特定的目标，满足某种特定的需要。个体之间的素质和能力以及其情境是不同的，因此，其内在的需要也是有差异的。管理者应当理解需要种类的一般框架和组织中员工关心问题的一般形式，从而可以依据员工的差异提供不同的诱因来实现激励过程。

赫兹伯格认为影响人们行为的因素主要有两类：保健因素和激励因素。

保健因素是那些与人们的不满情绪有关的因素，如公司的政策、管理和监督、人际关系、工作条件等。保健因素处理不好，会引发员工对工作不满情绪的产生；处理得好，则可以预防或消除这种不满。但这类因素并不能对员工起激励的作用，只能得到保持和维持工作现状的作用。所以保健因素又称为"维持因素"。

激励因素是指与个人满足感和正面情绪紧密相关的各种因素。这些因素主要包括：提供充分的工作表现机会、从工作中获得的愉悦、在职业生涯中所达到的成就、因优异的工作表现而获得的各种奖励、对未来职业发展的积极期待以及职位所带来的责任感等。赫兹伯格在他的理论中提到，如果这些激励因素得到妥善处理和有效利用，它们能够显著地激发人们的积极行为和工作热情。同时，他也指出，虽然缺乏这些激励因素不会立即引起员工的不满，但它们的存在对于提升员工的满意度和工作动力是至关重要的。

2. ERG 理论

耶鲁大学的克莱顿·爱尔德佛在发展了马斯洛的需要层次理论的基础上，进一步提出了 ERG 理论。这一理论与马斯洛的需要层次理论相比较，展现了更广泛的应用性，尤其是在理解员工的具体工作需求方面。ERG 理论有效地弥补了马斯洛理论在实证研究支持方面的不足，提供了一系列确凿的支持性材料，增强了理论的应用价值和实际影响力。

在 ERG 理论中，克莱顿·爱尔德佛划分了员工的三种核心需求：生存、联系和成长。这些分类详细阐述了员工在职场中的基本动机和追求。生存需求主要涉及所有的物质和生理上的需求，这包括了马斯洛理论中的生理需求和安全需求。联系需求则涵盖了与他人建立联系的需求，以及在交流思想和情感的过程中获得的心理满足，这与马斯洛的社会需求和尊重需求中的外在部分相对应。成长需求关注个人的内在发展需求，包括了马斯洛的尊重需求中的内在部分以及自我实现需求的特征。这三种需求激励员工在工作中发挥创造性，有效地促进自身和环境的改变，其满足感来源于个人能力的发挥和新能力的开发。因此，ERG 理论通过对员工核心需求的细致划分和解释，不仅增强了理论的深度，也为管理实践提供了具体的应用指南，从而被广泛认为是对传统马斯洛需求层次理论的重要补充和发展。

3. 强化理论

美国心理学家斯金纳、桑迪克等学者提出，一个人对外界的事件或情景（即刺激）所作出的行为或反应，主要是由该行为带来的后果决定的。如果某个行为的结果对个体有益，那么这种行为就会被持续采取。相反，如果行为带来的后果是不利的，个体则可能会调整或改变自己的行为模式，以避免产生不良的后果，这种行为调整机制业正是效果法则所阐述的核心内容。

在组织管理领域，强化激励理论进一步扩展了效果法则的应用，认为管理者可以通过精细地管理工作环境以及员工行为所带来的结果，来有效地引导和调整员工的行为。通过这种方式，管理者不仅可以使员工的行为更加符合组织的总体目标，还能通过正向或负向的强化来提高员工行为的适应性和优化。这种策略的实施有助于构建一个更加和谐且高效的工作氛围，从而提升整个组织的运行效能。

在组织管理中，存在四种常见的修正行为的策略。

第一，正强化。这种方法涉及应用有价值的结果来鼓励符合组织目标的行为，目的是提高这种行为重复出现的可能性。正强化的方式包括：对员工的表扬、发放推荐信、进行优秀的绩效评估以及提供加薪等奖励。此外，工作本身的性质也可以作为一种正强化。例如，充满乐趣、富于挑战性或内容丰富的工作，比起那些机械单调的工作，更能激发员工的工作热情，具有更强的正强化效果。

第二，负强化。负强化又称规避性强化。这种方式涉及员工修改自己的行为，以避免不愉快的后果。负强化是一种事前规避措施，通常体现为组织制定的各种规定和约束。通过这种方法，员工为了避免不希望的后果，如惩罚或其他不利影响，而有意识地调整自己的行为。

第三，惩罚。惩罚涉及应用消极的后果来阻止或纠正不当行为。例如，这可以包括对员工进行批评、斥责、处分、降级、撤职，或者采取减薪、扣发奖金、重新分配任务，甚至解雇等措施。与负强化不同，惩罚是对组织不力行为的直接回应。

第四，忽视。这种方法涉及不对某些行为给予任何强化。当行为得不到任何强化时，相关的动机会减弱，行为也可能逐渐减少甚至完全消失。例如，对于员工的出色表现不予表扬，忘记感谢他人的帮助，或者不理会某些幽默的互动。通过这种"冷处理"，可以实现行为的自然消退，达到组织的管理目的。

强化理论认为，在塑造组织行为的过程中，应把重点放在积极的强化，而不是简单的惩罚。惩罚会对员工的心理产生不良的副作用。创造性地运用强化手段对于管理者是十分必要的。在现代扁平化组织中，管理者不能仅像过去那样指望通过加薪、升职来激励员工，而且要创造性地设计出新的强化方法和奖励措施，如才智的挑战、更大的责任、弹性的工作时间等仍然是管理者的重要的课题。

（二）过程激励理论

过程激励理论是由美国行为科学家莱曼·波特和爱德华·劳勒提出的一种创新的激励理论。这一理论最初见于他们在1968年撰写的《管理态度和成绩》。根据期望激励理论，当一个人实现了某些成就之后，他通常会收到两种不同类型的报酬。首先是外在报酬，如工资、职位地位、职业晋升机会、安全感等方面。根据马斯洛的需求层次理论，这些外在报酬主要满足人们的基本需求。由于个人的成就，尤其是那些不易量化的成就，往往难以精确衡量，而且工资、职位晋升等报酬的获取还涉及许多其他因素，因此它们与个人的实际成绩并非绝对直接相关，这种复杂的关系在图示中可通过一条曲线表示，揭示了成绩与外在报酬之间并非直接的、必然的因果联系。另一种报酬类型是内在报酬，这是个人由于在工作中取得优异成绩而给予自己的一种精神奖赏。例如，个人可能会感到自己为社会做了贡献，或对自己的存在意义和能力有了新的认同和肯定。这类报酬满足了个人的更高层次的需求，与工作成绩存在直接的联系。然而，是否这两种报酬（内在与外在）足以决定一个人的"满足感"呢？答案是复杂的。我们需要注意到，介于这两者之间，还必须考虑到所谓的"所理解的公正报酬"。一个人会将自己实际获得的报酬与自己认为应得的报酬进行比较。如果这两者是相符的，那么他会感到满足，并且这种满足感将激励他未来投入更多努力。相反，如果他认为自己得到的报酬低于所期待的"公正报酬"，即使实际上他获得的报酬并不少，他依然会感到不满，甚至可能会感到失落，这种情绪会对他未来的努力产生负面影响。

期望激励理论在20世纪的六七十年代已展示出极高的影响力，并在今天的应用中依然显示出它的重要价值和实用性。该理论强调，只通过设置激励目标和采用各种激励策略，并不能保证达到预期的行动和努力，或确保员工的满意度。有效的激励机制应该能够建立一个包括激励、努力、绩效、奖励及满足的良性循环，并且这个循环能够通过满足感反馈到努力上。这样的机制依赖于多个复合因素的相互作用，包括奖励的具体内容、奖惩制度的适当设置、组织的有效分工、目标导向的行动计划、管理的水平、评估的公正性、领导的风格以及个人的心理预期等。

波特和劳勒进一步指出，在内容激励和过程激励的因素之外，还有三个关键因素在激励工作绩效转化过程中起着至关重要的作用。首先是能力和素质：个人的能力对于任务的完成具有决定性影响。因此，作为一名管理者，识别并利用人才、将他们安置在能够最大限度发挥其潜力的位置是至关重要的。如果安排错误，将会浪费宝贵的人力资源，并可能导致工作效率低下。其次是工作条件：选定合适的人才后，管理者还需确保为他们提供必要的资源和条件，使其能够充分发挥出其才能。最后是角色感知：为了实现优异的工作绩效，管理者需要帮助员工充分理解他们的所任角色以及岗位或任务的具体要求，确保员工能够明确自己的职责和目标。这不仅涉及员工对岗位的深入了解，还包括对岗位重要性的认识和对所需成果的明确预期。

二、相关对策

从双因素来说，要同时提升保健因素和激励因素，这样才能最大限度地调动教师和学生的积极性。

根据波特和劳勒所提出的综合激励模型，管理者需要把努力—业绩—报酬—满足的连锁反应深入地整合进知识型员工的激励机制中，以此构建一个促使他们持续积极参与工作的良性循环。在不同的激励策略当中，包含了多样的激励手段。要真正有效地激发知识型员工的工作热情和创造力，关键是从员工各自的特点出发，精心选择并组合适当的激励方式。这种方法不仅能有效提升员工的工作效率，还能确保每位员工在其岗位上充分发挥自己的潜力，达到最佳的工作状态。只有通过这样细致入微的激励措施，我们才能确保知识型员工在各自的岗位上发挥出最大的效能，实现人尽其才、人尽其位的管理理念。具体来说，有以下措施：

（一）外部激励

1. 未来发展的期望

教师通过人工智能教育应用获得未来的发展，如在职务晋升上的有利地位等。这一点至关重要。目前很多教师较为关心个人的职称晋升或者其他职业发展等问题，如果能将人工智能的发展与这些问题联系起来，可能会起到较大的激励作用。在教育行业中，存在一些教师渴望通过不懈努力晋升为学校管理层的情况，而另外一些教师则倾向于专注于自己的专业领域，寻求在该领域内的成长和提升。鉴于此，学校应当实施一种双轨职业发展路径，以适应这两种不同的职业发展需求。这种策略不仅可以满足具有不同职业理想的员工，还能确保不同路径上的员工能够获得相等的报酬和认可。以微软公司为例，该公司成功地实施了双重职业途径，从而吸引和保留了大量的人才。一方面，对于那些技术能力出众且愿意承担更多责任的技术人员，微软推动他们进入管理层。另一方面，对于那些希望在自己的专业领域达到顶峰但不愿意涉足管理工作的开发人员、测试人员和程序员，微软在技术部门内部设立了正式的职业晋升路径，创建了"技术级别"制度，以此认可他们的专业技能，并提供与管理层相当的报酬待遇。

2. 金钱激励

金钱作为激励手段的重要性不可忽视。在人类社会中，金钱不仅是基本的生存需要，更是驱动个体参与各种社会活动的关键动力。因此，实施金钱激励成为各行各业广泛采用的主要激励方式之一。具体到操作上，通常包括发放奖金、额外的鼓励性报酬，或在员工取得显著成就时给予物质奖励。金钱激励的公正性至关重要。员工对于自己获得的报酬是否感到满意，并不仅取决于报酬的多少，更需要通过与他人或过往经历的比较来评估。通过这种相对比较，员工能够判断自己是否受到了公平的待遇，金钱激励是否公正会直接影响员工的工作情绪和态度。在教育领域，可以对教师采用信息化教学工具的成效进行定性和模糊评估，基于评估结果实施相应的奖励性绩效，以此激励教师提高教学质量和效率。这种做法不仅有助于提升教师的积极性，还能通过公正透明的激励机制，增强教师队伍的稳定性，提高教师的教学水平。

（二）内部激励

在教育领域中，教师的职责就是教书育人。要通过教师职务上责任感的提升从而激发教师人工智能教育应用的积极性。对于人工智能教育应用方面有着良好表现的教师进行表彰，宣传其事迹，供其他教师学习。在教育领域中，教师往往不会仅是满足于被动地执行日常任务，他们更倾向于追求卓越，以求达到最佳的教学成果。教师们通常对那些需要他们展示能力和创造力的挑战性工作充满热情。他们将解决教育中的难题视为一种乐趣，认为这是体现自我价值的重要方式。为了增加工作的挑战性并激发教师的潜力，学校可以考虑实施决策权的下放，同时通过工作轮换和丰富教师的工作内容来实现这一目标。人工智能教育应用具有一定的挑战性，人工智能的应用模式还有待探索与完善，单位应鼓励教师勇于走在人工智能教育应用的前列，展开相关教学研究，不断丰富人工智能教育应用的理论与实践。

（三）为教师提供学习、培训机会

学校应当重视并投资于教师的个人成长和职业发展方面。教师普遍关注自己的利益与职业价值，当他们的基本生活得到保障后，更会追求更高层次的自我超越与完善。因此，学校不仅应提供与教师贡献相匹配的合理报酬，还应从长远角度出发，制订全面的教师培训计划。通过提供教育和培训机会，帮助教师不断提升自己的教学技能，确保他们能够与时俱进，使其不会在职业生涯中感到落后。人工智能技术具有一定的复杂性，有必要对教师开展人工智能应用培训。培训的内容可能包括人工智能基础、人工智能应用模式等。

（四）评价

对教师人工智能教育应用的过程、效果等进行评价。要制定科学合理的人工智能教育应用评价指标体系。可以对教师的人工智能教育应用进行评级。当教师完成一轮人工智能教育应用后，应组织专家对其教学过程、教学效果等进行全面的评估，并提出改进意见。持续的跟踪是必要的。

第二节 领导学视角下人工智能教育应用发展对策

一个学校人工智能教育应用的发展与学校相关负责人的领导力密切相关,往往相关负责人的领导力对于一个学校人工智能教育应用的发展具有决定性的影响。本节将从领导学的视角对人工智能教育应用发展的领导力进行研究。

关于人工智能教育应用领域发展领导者所需具备的素质,其要求已超越了单一的生理学层面。这种素质不仅涉及领导者后天的实践和学习过程,还包括在领导职责中发挥关键作用的多种内在素质的综合。换言之,这是领导者在从事各种领导活动时必须具备的一系列基本条件,体现了一种潜在的领导才能。

修养不仅包括个人在举止、仪表、礼貌和情操等方面的培养和锻炼,也包含政治思想、专业知识、实践技能以及道德品质等方面的深化和提升。从广义上讲,修养是指个人在思想道德、知识和技能各方面达到一定高度的过程,这一过程涉及长期的学习与不断的实践。

一个人工智能教育应用发展领导者的素质修养,是指领导为达到实现人工智能教育应用的有效目标所要求的水平、素质而做的自我努力的过程,也是客观条件和主观因素的优化组合。

领导者要有良好的素质,而良好素质不是生来就有的,是通过后天的学习、实践、培养、锻炼逐步形成的。这就是素质修养,简称为素养。

一、人工智能教育应用发展领导者素养的重要性

(一)加强素质修养是领导者自我完善的需要

领导者的素质修养是其阶级和社会的政治思想体系、道德原则和规范、科学文化知识及心理品格在个人思想和行为上的具体反映。这种素质不仅包括领导者的政治觉悟、广泛的知识面、卓越的才能和高尚的道德品质,还涵盖了其独特的个性和心理特质。这些特质并非天生即有,实际上是在复杂的社会关系网中,通

过不断的实践和长期的培养逐渐形成的。

在人工智能教育应用的领域，我们常常看到外部环境的不断变化，这些变化往往带来新的挑战。即便最为精明的领导者，也可能会遇到其主观认识与客观实际之间的矛盾。因此，领导者必须在其领导过程中不断学习新知，并加强个人修养。通过持续的努力，去除那些不良的影响和错误的思想残余，不断提升自身素质，以期达到更高的完善程度，最终成为一个高效能的现代领导者。这种不断的自我完善和升华，是每一位领导者在其职业生涯中追求的目标。

（二）加强素质修养是领导者发展职能的保障

领导者的角色远远超出了简单的参与和管理。他们不仅在改造世界的激烈斗争中起到关键作用，还要在各种社会组织中发挥核心影响力。领导者担任着社会组织的决策者、指挥者和组织者的多重职责。他们的工作职能广泛，包括执行决策、制定与实施战略、制定与执行政策、建立与健全组织机构、选拔人才，以及进行思想政治工作等。要想有效地行使这些职能，领导者必须具备坚定而正确的政治方向感，广泛的科学与文化知识，卓越的创新能力，以及高尚的道德品质。因此，对领导者而言，自觉提升个人素养，对于其胜任领导职务，有效地执行领导职能，以及出色地完成领导任务具有至关重要的作用。在这种背景下，如何在人工智能教育应用领域塑造具有一定领导能力的人才，实际上也代表了如何塑造具有影响力的社会组织。

（三）加强素质修养是加强领导影响力的客观要求

领导影响力是领导者如何在新兴技术领域引领和塑造被领导者的心理及行为反应的一种能力。随着领导机关职能转型适应新环境的需求，提升这种影响力的重要性变得日益突出，已经成为各级领导者积极关注和研究的关键课题。

从人工智能教育应用领导影响力的性质分类来看，这种影响力主要分为职权影响力和统御权影响力两大类。职权影响力主要由法定权力、强制权力和奖励权力等几部分构成。其核心特点是通过外在的推动力来实现其影响，使被领导者在这种影响下的心理和行为表现出较为被动的服从状态。而统御权影响力则是建立在领导者的专业技能、知识水平以及个人的良好品质等基础上的，它通过内在的驱动力发挥作用，促使被领导者在心理和行为上展现出自主的参与和积极的响应。

职权影响力和统御权影响力是辩证统一的，现代优秀的领导者应把二者有机地结合起来，使它们各显其能。通常情况下，职权影响力被视为一个相对稳定的常数，而统御权影响力则呈现出可变的特性。对于一个领导者来说，如果他在统御权上表现出强大的影响力，他的职权影响力通常也会得到相应增强，反之亦然。因此，若要有效提升领导影响力的整体效能，关键在于在正确运用职权影响力的基础上，积极提升其统御权影响力。

构建统御权影响力的核心要素包括品格因素、知识因素、能力因素、感情因素。这四个要素恰恰是构成领导者素质的基石。要提高统御权影响力，就必须全面提升领导者在这四个方面的素质。由此可见，加强领导者的综合素养，成为提高领导者影响力的一项客观需求。

（四）加强素质修养是提高领导艺术水平的基础

在现代化的大规模生产背景下，影响决策的因素正在不断增加，不可预测的事件也越来越多，同时，经济与社会发展的目标变得更为多元化。在这种环境中，迫切需要领导者能够正确地运用领导艺术。对于这种艺术的需求，正呈现出一种持续增强的趋势。领导艺术的掌握和运用，是以领导者的知识和经验为基础，此外，还必须依托于领导者的才能与气质。

从生理学的角度来看，人的生理特征对能力的形成有着重要影响。例如，神经活动过程中的强度与人注意力的集中性与持久性有关，而神经过程中的灵活性则有助于人们迅速广泛地掌握知识，形成技巧。弱的神经类型具有高度的感受性，适合于艺术能力的发展。即便极其聪明的个体，若缺乏领导实践的机会与适宜的环境，也难以展现高超的领导艺术。

因此，可以看出，个体的素质在领导艺术的实践中十分重要。历史上无数领导者的实践经验已证明，优秀的个人素质是形成领导艺术的根本源泉。领导艺术的水平与领导者的个体素质呈正比关系。因此，为了适应人工智能在教育应用中的发展需求，提高领导艺术水平，应当注重优化领导者的个体素质。只有这样，才能谈论到提升领导艺术水平的可能性。

二、人工智能教育应用发展领导素养的基本内容

（一）知识素养

合理的知识结构对于领导干部来说，是一项必不可少的基础素质。一名领导者的政治素养和专业能力的优劣，与他们的知识层次是否高低存在着密切的关系。在推动现代化进程中，领导者需要具备丰富的科学文化知识和专业技能。只有拥有高水平的知识结构，领导者才能有效地应对和满足社会主义现代化建设的复杂要求。

1. 具有广泛的科学文化知识

在17世纪的英国，著名唯物主义哲学家弗兰西斯·培根曾深刻指出，读史使人明智，读诗使人聪慧，演算使人精密，哲理使人深刻，伦理学使人有修养，逻辑修辞使人长于思辨。从总体来看，各种知识的积累和学习对于塑造一个人的性格具有不可替代的作用，我们应当利用全人类累积的科学和文化知识来武装我们自己的思想。

首先，个人必须掌握一定的基础文化知识，这主要包括语文、历史、地理与逻辑等领域。这些学科知识不仅能帮助我们构建正确的世界观和人生观，还能培养我们宽广的视野和较高的思维能力，为我们在未来掌握和应用现代的科学管理理论和实践提供坚实的基础。

其次，作为领导者，应当掌握一定的自然科学知识，例如数学、物理学、化学、生物学、生态学和电子计算机的基础应用。尤其是应当了解并掌握现代自然科学中的最新发展，如系统论、信息论和控制论的基本原理，将这些原理尽可能地应用于领导和管理工作之中。

2. 人工智能教育应用相关专业知识和管理方面的知识

在现代社会，领导者除了应具备一定的文化底蕴，更需积极主动地去学习和掌握其领导领域内的专业知识，努力成为该领域的专家。尽管我们的领导者不必

非成为人工智能领域的顶尖专家，但他们应当对人工智能领域的知识有相当深入的理解，并对相关邻近领域也有所涉猎。这样，领导者才能有效避免外行领导内行的局面。特别是基层领导者，更应当重视这一点。对于不同行业和不同层级的领导者而言，他们所需要掌握的专业知识亦应有所不同。领导者应当努力学习并掌握经济学、管理学、法学、领导学等领域的基本知识，这些都是领导者必须具备的基础专业修养。除此之外，领导者还需不断提升自己的科学知识水平，并建立一个合理的知识结构，即所谓的"T"型知识结构。其中，"—"代表广泛的横向知识基础，使知识结构具有较宽的基底；而"丨"则代表深入的纵向知识，使知识结构在某一专业领域具有深度。在应对知识体系日益高度分化与综合的发展趋势时，领导者应自觉地调整自身学习策略，结合具体人员和事件，采取合理有效的措施，实现知识博与专的有机结合，从而塑造自己成为一位具备"T"型知识结构的现代化领导者。

（二）基本能力素养

在领导者开展领导工作的过程中，其主观意图能否有效地被转化为客观实现的结果，很大程度上取决于领导者自身能力的强弱。领导的基本能力不仅关乎个人的决策和执行力，还直接影响到团队目标的实现。除了能力素养，领导者的其他素质，如知识素养和心理素养，虽然是其成为领导者的基础条件，但并非决定性因素。事实上，我们身边不乏知识渊博、心理素质出众的人，他们却可能缺乏将这些素质转化为领导力的能力。这说明能力素养是区分领导者与其他类型人才的一项关键特征。当我们考察不同的人才类型，尤其是中高层领导者时，通常会发现他们大多属于"通才型"人才，不仅具备广泛的知识背景，更重要的是还有创新能力和综合能力。总结来看，领导者的才能主要分为两大类：一是创新能力，用于不断寻求新的解决方案和方法；二是综合能力，涉及对不同情况的快速适应和问题的全面分析。这些能力共同定义了一位优秀领导者的核心素质。

1. 人工智能教育应用发展创新能力

创新是一个民族进步的灵魂，它是一个国家兴旺发达的不竭动力，也是一个政党生机的源泉。在领导者的众多能力中，创新能力尤为关键，尤其是那种促进国家治理现代化的创新能力。这种重要性来源于领导活动本质上大都涉及创造性的思考和实践。领导者要敢于打破常规，推动变革，并为未来开辟新局面。这包括设定新的目标、采取新的措施，或制定新的行动步骤。从事业的本质来看，如人工智能的发展，这样的领域没有固定模式可循，它要求我们进行大量的创新性工作，创造适应未来发展的新规范。这种连续的创新实践，不仅塑造了领导者的核心能力，也是推动社会进步和国家发展的关键因素。领导者创新能力的具体表现主要有如下方面：

（1）人工智能教育应用发展洞察力

洞察力体现了一种敏锐、迅速、准确地捕捉并理解问题核心的才能。众多关于创新问题的研究表明，问题的发现是创新的起点。在历史的长河中，那些在各自领域作出卓越创新贡献的人士，通常都是先意识到问题所在的先行者。能够正确地发现并形式化问题，常常是成功解决问题的关键一步。最大的挑战在于，问题往往不是显而易见的，而是隐藏于错综复杂的现象之后，使其辨识变得更加困难。因此，具备一种"洞若观火"般的清晰洞察力，能够敏锐地识别出人工智能教育应用发展中遇到的问题，绝非易事。在一定程度上，洞察力可以被视为一种直觉力，拥有这种能力通常需要极高的资质。然而，通过不断的实践与深思，我们可以培养并增强这种能力。这种能力使我们能够明确识别出人工智能应用中存在的问题及其解决方案，这对确保人工智能教育应用能够顺利推进至关重要。

（2）人工智能教育应用发展预见力

预见力是超前地掌握事态发展趋势的一种能力，表现为对未来变化的敏锐洞察。只有当我们能够对事物的发展规律和趋势作出精准的预测时，才能谈起创新的可能性。那些不敢大胆设想或无法正确预测的人，往往也是那些缺乏创造力的人。对于领导者而言，他们需要具备敏锐的预见性，能够预测人工智能等领域的未来走向，这包括其在教育等领域的巨大潜力及其长远的发展趋势。领导者必须能够果断并及时地作出恰当的决策，以确保能够跟上快速变化的时代步伐。

(3)人工智能教育应用发展决断力

决断力是能够迅速作出选择、决策，并形成实施方案的能力，也是实际操作中的决策能力。在领导人工智能教育应用发展的决策过程中，每一次的选择都涉及机会、风险、利弊、压力及责任等多方面的考量。因此，决策者必须具备迅速作出决定的决断力和胆识。犹豫不决、畏首畏尾、优柔寡断、举棋不定等状态都是决策过程中需要极力避免的。在此情况下，坚定的决断力实质上是一种强大的意志力的体现。创新性的活动尤其需要坚强的意志支撑。显然，所有这些都必须建立在正确的认知之上，否则容易导致鲁莽和武断的结果。领导者应当在充分了解和深入研究的基础上，果断地作出关键决策并制定出相关的发展策略，以推动人工智能应用的进一步发展。

(4)人工智能教育应用发展推动力

推动力是善于激励下级以实现创新意图的能力。根据历史唯物主义的理论，历史的创造者是广大人民群众，而非仅依靠少数杰出英雄。因此，领导者无论其个人能力多么出众，都不可能独自完成组织目标的实现。创新能力的核心之一就是领导者在制定完政策方案后，能够动员整个组织行动起来。这种动员能力具体体现在领导者的感染力、吸引力、凝聚力、号召力、影响力和个人魅力等方面。领导者应当成为组织机器中的驱动轮，能够激发组织成员追求组织目标的热情，说服他们在必要时放弃某些事物，并在面对困难与挫折时提升他们的信心。这也是一种在事物发展的偶然性面前善于应对的能力。领导者尽管可能具备较强的洞察力和预见力，但仍无法完全掌握所有事物的发展变化。在这种偶然性的存在下，突发事件的发生也是常见的。因此，领导者需要具备在变故面前保持镇定、在危机中保持勇气，以及灵活应对的能力。所谓灵活应对，包括调整力量以坚定地实现既定目标，也包括修正决策以重新设定新的目标。具体的策略取决于具体情况，但总的原则是要尽可能地把突发的偶然因素转变为推动创新的有利因素。领导果断作出决定后，需要予以推动落实。推动落实能力也是领导能力非常重要的组成部分。一方面，要为人工智能应用的落实提供制度、条件等方面的保障；另一方面，要及时发现人工智能应用中出现的新问题，及时调整对策。

（5）人工智能教育应用发展辨才力

辨才力指善于识别和起用人才的能力。在社会主义建设的过程中，我们急需一大批具有多种才能的人才。一个领导者是否能够准确地了解和合理地安排每个人的职责，充分发挥每个人的才能和智慧，这不仅是其领导能力的体现，也是其创新能力的重要标志。人工智能教育应用需要领航者、先行者，领导需要慧眼识英，选择相关学科与教师展开先行先试，然后逐渐推广。

2. 领导者的综合能力

在"领导"一词中，"领"字不仅指引领，更深层次地包含了"统领各方"的概念，意味着领导者需要具备将各种组织、机构和系统，以及不同的利益与力量有效整合为一个统一整体的能力。这种整合能力从更广泛的角度来看，是领导力中非常关键的一个基本要素。这种综合能力远超过单纯的组织能力，它还涵盖更多细节和具体的方面，展现了领导者在各个层面的协调和管理能力。

（1）信息获取能力

从认识论的视角出发，领导者的决心与决策的形成是基于对细致且全面的情况的深入了解以及对人工智能教育应用发展的相关信息进行精细筛选和深度思考的结果。在这个过程中，全面掌握相关信息是至关重要的基础条件。随着社会向现代化迈进以及组织行为的日趋复杂，领导者在作出决策时所需考虑的因素也展现出了多元化、多维度和多层次的特征。尤其在关乎全局的关键决策中，领导者需要具有从广泛的信息来源中收集信息并对这些信息进行有效整合的能力。人工智能发展的过程中，需要领导及时获取人工智能国内外发展动态，并将最新的理论与应用引进学校。也需要领导了解各方面的信息，为学校人工智能的发展提供条件。

（2）知识综合能力

一个显著的现代科学发展趋势是不同学科之间的交叉融合和相互影响。为了具备科学化的思维方式和较高的知识水平，领导者必须掌握广泛的多学科基础知识。他们需要对不同学科间的联系有深入的了解，并且能够将这些学科的基本理论知识应用到人工智能等领域的具体实践中。只有具备这样的能力，领导者和决策者才能有效推动决策过程向科学化方向前进。这种综合和科学的处理方式，是实现有效领导的关键。人工智能涉及计算机、数学等多学科领域知识，领导有必要进行学科整合，以推动人工智能的深入发展。

（3）利益整合能力

在我们共享的根本利益之上，尽管存在共识，但由于地域差异、民族多样性、文化背景、性别、年龄以及职业的不同，我们仍然可能面临利益上的分歧和差异。随着社会主义市场经济的不断进步与社会现代化水平的提升，我们必须关注利益的多元化这一显著趋势。在这种背景下，领导者的一项关键职责是将分散且有时对立的利益需求，有效地整合成广泛的利益共识。这种利益共识并不仅是简单地将各类利益相加，而是需要深刻理解并平衡各种不同的利益要求。因此，一个领导者必须具备出色的利益整合能力，能够熟练地调和并统一这些多元化的利益需求，并据此制定出适应人工智能发展的相关政策。这不仅是政策制定的技术问题，更是一种政策智慧的体现。

（4）组织协调能力

现代系统科学中，存在一种极其关键的理论观点，那就是一个整体的价值通常会超过其各部分简单相加的结果。这一现象的形成，主要是因为整体中的结构设计得当，并且结构内部各要素之间能够有效地协同工作。正是基于这样的理论基础，领导者的角色变得尤为重要。具体来说，作为领导者，他们必须确保系统中的各个组成部分能够和谐地相互作用，从而达到一个更高层次的整体效应。为了实现这一目标，领导者在日常管理工作中需要展现出明确的指挥能力和清晰的层次感，同时需要具备团结各种力量、消除可能出现的障碍以及解决冲突的能力。这种组织协调的能力，本质上是一种整合各类积极因素以发挥集体优势的能力。

（三）心理素质

在探讨领导者的心理现象时，我们可以将其分为心理活动和心理品质两大类。心理活动涵盖了人脑中的各种细致的过程，包括感知、思维、情感和反应等。这些活动反映了大脑在接收和处理信息时的具体操作。而心理品质则描述了在这些心理活动中所展现出的大脑的独特能力与特征。具体来说，心理品质可以进一步细分为智力品质和个性品质两个维度。智力品质主要关注一个人的智力水平，这包括个体在观察、学习、记忆、想象和表达等方面的能力差异。而个性品质则涉及一个人心理特征的稳定性和倾向性，它主要包含了性格、情绪、意志、兴趣和气质等方面。这些心理特质共同构成了领导者独有的心理面貌，对其领导行为和决策方式产生深远影响。

在心理学领域的众多研究中，有大量的分析显示，开拓型领导者主要指的是那些个性中兼具创新精神与突破常规的领导者。这些领导者不仅具有开拓新局面的能力，而且在性格上也表现出一种独特的开放性。除此之外，他们还具备敢于对在线教育领域作出开拓性决策的气质。此外，坚韧不拔的意志力也是他们成功的关键因素。意志力是一种独特的心理现象，它涉及人们自觉地设定目标，并根据这些目标来指导和调节自己的行为，以克服各种障碍，从而达成目标的过程。理性的优势并不仅体现在通过感觉和思考来理解世界和自我，更重要的是在明确的目标指导下，能够积极地操控外部环境并抑制自我冲动。这种能力一部分表现为理性的思维能力，而另一部分则是理性的意志力。在当代社会的复杂环境下，领导者在制定和执行决策的过程中遇到的困难和挑战已经大幅增加。因此，强大的意志素质对领导者来说尤为重要。只有当领导者锻炼出坚不可摧的意志力，他们才有可能将自己的理想和信念转化为行动，并最终实现成功。在线教育的推进过程中必然遇到诸多困难，如教师的在线教育素养的提升、人工智能教育应用的评价以及奖励激励机制等，领导者需要具有坚韧的品质，才能将在线教育深入推进下去。

三、人工智能教育应用发展领导水平提升的途径——以在线教育为例

（一）在线教育发展领导素养的特性

1. 综合性

在线教育领域的发展依赖于领导者一系列综合特质，这些特质构成了一个复杂的有机结构体系。从我国古代的"饱、识、才、学"到近代对于领导者特质的

阐述，包括德（政治素质）、才（才能和才智）、学（学问）、识（见识）、质（气质和心理个性）、体（体质）等多方面内容。在实际工作中，领导者不仅是技术和生产组织的专家，也必须受过科学的教育，具备行政工作的能力。此外，领导者需要在工作执行中表现出认真和负责的态度，同时应具备坚强和果断的性格特点。这些多维度的特质共同塑造了一位优秀的在线教育领域领导者。

2. 层次性

在线教育发展的领导工作是一个系统，可划分为不同层次。不同层次有不同的职责，因而对领导者也有不同的素养要求，应该区别对待，不能等同划一。在线教育领域的发展可以分为三个不同层次的领导层级，这些层级分别为高层、中层以及基层。每个层次的领导者都承担着特定的使命和责任，并且基于这些不同的职责，他们需要具备相应的素质和能力。以高层领导者为例，他们的主要任务是制定教育政策和总体战略，这要求他们具有卓越的战略思维能力和深刻的教育行业洞察。这种层次划分确保了在线教育系统的高效运作和持续发展，同时促进了各层级领导者之间的协作和相互支持。与此相适应的，创造才能、综合判断能力是对高层领导者的特殊要求。中层领导者主要是同人打交道，从组织与管理方面去实现大政方针的。因此，他应该着重扩大人际关系学方面的知识，增强协调能力。基层领导者主要是执行管理指令，帮助下属及时解决具体问题的。因此，他应该增长专业技术知识，努力提高专业领导水平。

3. 动态性

在线教育发展领导者的素质是一个动态的概念，这是因为它随着时间和环境的变化而发生改变。尽管一个人是否能够成为领导者，以及他或她能承担的领导层级，部分源自某些固有的先天生理特质，但更关键的是，这些领导能力的形成主要受到后天社会实践的影响。正是在各种社会实践的背景下，领导者素质的变化找到了其根本动力。如果领导者能够积极参与到社会变革的实践活动中，通过不懈的学习、持续的努力锻炼以及善于总结经验教训，他们就能不断地提升自身素质，让自己朝着党和人民所需的方向发展。在提升个人素养的过程中，我们应时刻保持一种求知欲、危机意识，并坚持"活到老、学到老"的理念。

（二）在线教育发展领导水平提升的途径

1. 要善于搜索书籍和快速阅读

作为主管在线教育发展的领导，应广泛阅读相关书籍和文献。要充分利用互联网和移动客户端的发展，对在线教育相关文献、书籍等进行广泛阅读、深入研究，以便具备相应的专业知识和素养。

2. 要与有知识的人交朋友

要建立相应的朋友圈。要积极与相关领域的专家、其他学校相关的领导等广泛交流研讨，共同应对人工智能发展中的问题。要建立自己的专家团队，对在线教育发展提供建议、参考。

3. 要自觉地做思想总结和工作总结

对在线教育发展过程中的经验和问题要及时发现和总结，以作为今后工作的基础和动力。

第三节　传播学视角下人工智能教育应用发展对策

在进行任何具有明确目标的传播活动时，我们都期望能够获得良好的传播效果。然而，实际的传播效果并不总是按照传播者的意愿发展，有时甚至会逆转，呈现出与预期完全相反的结果。这是因为，传播效果的形成是一个极其复杂的社会过程，涉及从信息的发送到受众的接收等多个环节。在这一过程中，无数的环节和因素都可能对最终的传播效果产生显著的影响。

传播本身是一个复杂的系统性工程，其效果的形成受到众多因素的共同影响和制约。在传播过程中，影响传播效果的因素众多，包括传播者本身、信息的接收者、传播的内容、所使用的传播媒介、应用的传播技巧以及整体的社会环境等。这些因素共同作用，决定了传播活动是否能达到预期的效果。

一、传播者因素

传播者不仅完全掌握传播的工具与方法，还决定着选择和筛选的信息内容，充分体现了其在传播过程中控制者的主导地位和积极作用。即便如此，传播者自身的一些独特属性也会对传播的最终效果产生显著影响。

传播者在决定信息内容的同时，影响了信息的接受程度，这从宣传或说服的视角尤为明显。即使相同的信息内容，由于传播者的不同，受众对信息的接受态度也会有所差异。这是因为受众会基于对传播者可信性来初步感知和评估信息的真实性与价值。传播者的可信性主要包括两个核心要素：其一是信誉，涉及诚实性、客观性、公正性等品德特质；其二是专业权威性，指传播者在特定议题上是否具备充分的发言权和资格。这两方面共同构筑了传播者的整体可信性。此外，传播者的社会地位、知名度、可信程度以及与受众的接近性，都与传播效果的产生和强度密切相关。可信程度是由传播者的知识水平、品德修养以及职业资历等多方面因素决定的。通常情况下，可信度越高，传播效果也越显著。当传播内容与受众的现有倾向不同时，地位较高的个体或组织通常能够实现比地位较低者更有效的传播效果。频繁出现的传播者能够增加与受众的接触次数和互动频率，从而在受众心中树立一种"熟悉面孔"的印象，使受众形成一种亲近感。因此，传播者的知名度显著影响传播效果。接近度，即传播者在信仰、民族、专业及个性等方面与受众的相似度，越是接近和相似，越能轻易地达成良好的传播效果。这种接近性和相似性促使受众形成一种"同体感"，将传播者视为"自己人"，这种认同感在传播过程中有助于形成意见的一致性。

从上述理论可以看出，我们选择进行人工智能应用产品时，可以选择那些有一定知名度的人工智能产品，这样传播效果可能要好一些。

另外，由可信性带来的说服效果并不是恒定不变的。霍夫兰等人在实验中均发现，随着时间的推移，高可信度信源的说服效果会逐渐减弱，而低可信度信源的说服效果则呈现上升趋势。这一现象可以归因于人脑的遗忘机制。根据艾宾浩斯的遗忘曲线原理，随着时间的推移，人脑对信息的记忆量逐步减少，而这种遗忘是从信息的次要属性开始的。低可信度信源的信息由于人们对其不信任，其最初的说服效果可能低于信息内容本身的说服力。随着时间的流逝，人们对信源和内容之间联系的记忆逐渐淡化，高可信度信源的主导地位及其带来的可信性效果趋于减弱甚至消失，信息内容本身的说服力才能更加充分地体现出来。总的来说，信源可信性对信息的短期效果具有重要影响，从长期效果看，最终起决定性作用的还是内容本身的说服力。

上述理论说明，选择人工智能产品时不能一味地追求知名产品，而是切实选择一些精心设计、适合学生学习的人工智能产品。人工智能知名产品可能短时间内会获得学生的承认，但长时间可能不一定得到学生的认可。而有的人工智能产品虽然不是非常知名，但是从长远来看，逐渐会得到学生的接受和喜欢，从而起到更好的教育效果。这给我们人工智能产品的开发提供了启示。从长远来看，要注重人工智能产品质量建设和内涵式发展，从对学生需求的精准诊断、知识点与习题推送以及交互服务等方面都精益求精，这样才能最终得到认可。

二、受传者因素

在传播学视角下，人工智能教育应用也要考虑受传者因素的影响。从众多实证研究的结果来看，即使相同的传播者采用同一种传播技术来传递一致的信息内容，在不同受众群体中产生的反响往往大相径庭。这表明，传播效果的生成并非简单的线性过程，而是一个涉及多种因素互相作用的复杂机制。在这个过程中，传播者的策略、所传递的信息内容及其传达方式无疑都是影响传播成败的关键因素。然而，接收信息的受众的个人特质同样扮演了一个不可或缺的角色。

受众的个性特质通常涵盖了多个维度，包括他们的性别、年龄、教育水平、职业等人口统计学特征，他们所处的人际交流网络，他们所属的社会群体及其相应的社会规范，他们的个性和性格特征，以及他们个人的过往经验和生活经历。这些多样的属性综合作用，共同塑造了他们对于接收的媒介或信息的兴趣程度、情感反应、态度倾向以及观点形成。这些因素不仅单独影响着受众的接受度，而且在很大程度上决定了整体的传播效果。通过了解和分析这些因素，传播者可以更有效地调整其策略，从而提高信息传递的效果和影响力。

（一）人际传播网络的影响

在现代社会中，每个人都嵌入在复杂的人际传播网络之中。这样的网络不单服务于社会交往的基本需求，它还具有信息传递、观点交换以及彼此之间的相互影响等多重功能。特别是在传播学的研究领域中，有一类特定的个体，他们在这些网络中扮演着极为活跃的角色。这些人通常会向他人提供重要信息、分享个人观点或给出建议，并能在一定程度上对他人产生影响。这类个体在信息传播与个人影响方面，发挥着类似于信息媒介的中介与过滤功能。他们在过滤和转发媒体信息的过程中，对信息的形成和传播效果具有决定性的作用。因此，他们在大众传播中对传播效果的影响是不可忽视的。从这个角度出发，我们可以理解为什么在人工智能教育等领域中，培养这类个体的重要性。他们不仅能引导和塑造集体的观点，还能影响集体的行为模式。通过培养和利用这类个体的能力，可以有效地推动教育创新和技术的广泛应用，进而影响更广泛的社会群体。

（二）群体和群体规范的影响

从说服性传播的角度来看，其效果是否显著，与群体是否规范密切相关。社会中存在着各种规模的群体——如家庭、行业组织、社会团体、俱乐部以及政党等。每个人都隶属于一个或多个这样的群体。群体规范对其成员的态度和观点有着相当大的影响力，对说服性传播的效果形成了强大的阻力。每一个群体都有一些共同的价值观和伦理观念，如果说服性传播的内容与这些规范相悖，那么它就会遭到该群体的强烈抵制。假如某个成员违背了群体的规范，接受了与之对立的观点和主张，他将不可避免地面临来自群体内部的强大阻力，甚至会危及自身的切身利益。通常情况下，人们不会轻易放弃他们所遵循的群体性规范。当说服性传播面对这样牢固的群体规范时，其成功的可能性往往非常低。要形成积极尝试将人工智能应用到教学中的良好氛围，这样学生才会在环境的影响下更加积极和有效地投入人工智能的学习中去，人工智能的应用才会不断拓展。此外，也有必要制定包括激励机制等在内的相关政策。

（三）受传者个性的影响

受传者是影响信息传播效果的主要因素。这是因为受传者的个体差异显著，包括他们的个人特性、认知框架、性格类型以及他们之前形成的观点和信仰，这些因素都会对信息的接受和处理方式产生影响。正是由于每个人都拥有独一无二的个性特质，所以相同的信息在不同人之间的传播效果可能会有很大的差异。例如，某些人可能由于开放性较强，容易接受新观点和改变，他们在面对说服时可能更加容易被影响。相反，那些性格倔强、坚持自我观点的人，在面对相同的劝说时可能会表现出较强的抵抗性。在传播学的研究中，个体对于说服的开放程度或抵抗力被学术上称作"可说服性"，这一概念在评估传播策略的有效性时起着重要的参考作用。根据日本传播学者饱户弘的分类，可说服性包括以下几个方面：受传者的个人特征和个性特点表现在有选择性的注意、理解和记忆信息方面。

1. 选择性注意

外界对人的刺激无时无刻不在发生，然而人类无法对所有接收到的信息刺激都进行反应。人们通常会筛选出那些他们感兴趣的或者对他们有用的信息。因此，为了有效传播信息，必须吸引受众的注意力。从心理学的角度来看，能够影响人们注意力的因素包括刺激的强度、对比度、重复率以及新鲜度。一片皑皑的白雪中点缀一只红色的滑雪板，这一强烈的对比就会引起人们的注意。接二连三的刺激能增加刺激的总强度，增加记忆，而不易遗忘。新鲜度是指与平时所获信息形成反差，越少见，越能引起人们的注意。影响人们注意力的因素还有受众个人的心理特征和心理状态。这些因素都能使受众不可避免地从自己的心境出发，选择适合自己口味的信息。

2. 选择性理解

信息传播是一种复杂且动态的交互过程，涉及"编码"和"译码"两个核心环节。在该过程中，信息的发送者（传者）会将特定的意义转换为一系列特定的符号或信号。这些符号或信号经过媒介的传递后，到达接收者（受者），受者则需要将这些符号或信号重新解析，将其转化回原始的或近似的意义。尽管传播的过程中使用的符号或信号是一致的，但在传者和受者心中所解读出的意义往往存在差异。这种意义上的不一致主要源于受者在接收和解读信息时的心理状态和个人背景。传播效果的差异性，很大程度上是因为每个人在解码信息时都带有自己的预设观念和心理预期，这种心理倾向我们通常称之为选择性理解。选择性理解的出现，不仅受到受众本身性格和经验的影响，也与受众所处的社会文化环境和即时情绪状态密切相关。此外，影响受众选择性理解的因素，与那些影响选择性注意的因素大致相同，如受众的兴趣、需求以及他们对信息的预先态度等。理解过程中的心理介入程度往往比注意的程度要深，这是因为理解需要更多的认知资源和更复杂的心理活动。俗话说，"仁者见仁，智者见智"，同一条信息在不同人眼中可能引发截然不同的理解和反应。因此，信息是否有效传播往往依赖于其能否触及受众的个性特征和心理需求。当信息与受众的个性特征和心理预期相匹配时，其传播的效果才会得到显著的提升，因为这种匹配使信息更容易被接受和内化。

3. 选择性记忆

在受传者完成对信息的注意和理解之后，他们通常会记住那些与自己的观念、经验、个性、需求等因素相一致的部分，而忽略或遗忘那些与自己观点不符的内容。受传者倾向于选择和记忆符合自己已有认知和理解的信息，对不一致的部分则容易遗忘。总的来说，在记忆的过程受到个人已有观念、生活经验和个性特点等多种因素的影响。

智能结构影响对信息真正含义的把握程度，而受者的观点、信念、个性影响对信息的接受程度。如性格外向的人比性格内向的人容易接受劝服性内容。依照受传者的兴趣、特点等进行传播，有利于获得好的传播效果。因为一般来说，受者更容易选择与自己原有倾向一致的信息。与可说服性相关的因素还有个人信息行为的特性。信息行为指的是个人寻求、接触和处理信息的各种行为。每个人的求知欲、性格和习惯不同，信息行为也不同，因此对传播效果也直接地或间接地产生影响。

从上面的理论可以看出，有必要设定个性化学习机制，以便有效实现个性化学习和学习效果的提升。第一，可以为学生提供丰富的学习资料和资源，不同的学生可以根据自己的兴趣、时间等选择不同的资源进行学习。第二，建立个性化的推送机制。根据以往学生的学习情况，包括学习路径、学习内容、学习时间等给学生自动或人工推送个性化的学习资源。

三、传播媒体影响

在人工智能教育应用上,传播媒体在传播效果方面具有重要影响力。每种媒体都有其特点和优势,能够发挥各自的作用。即使同一种媒体,传播不同类型的信息时,其效果也会有所不同。例如,书籍在知识传播方面表现出色,而报纸和电视则在新闻传播上更具优势。此外,传播媒体的权威性、可信度以及技术的先进程度等因素,也对传播效果产生了显著的影响。因此,合理选择合适的传播媒体是非常重要的。在人工智能教育应用开发时,应注意多种媒体的结合使用,包括视频、文本、音频、图像等,不同媒体的有效结合使传播效果最大化。

四、传播内容影响

传播内容是人工智能教育应用传播过程中至关重要的核心要素。传播的基本目的是将精心挑选的信息有效地传达给特定的接收者,确保这些内容能被他们注意、理解并记忆,从而影响他们的思想和行为。在诸多影响传播效果的因素中,传播内容的作用尤为显著。不同的受众对不同的传播内容会有各自的反应和接受度。传播内容的选择和设计成为优化传播效果的关键环节。传播内容的真实性保证了信息的可信度;及时性则使内容更具现实意义,更易引起受众的兴趣;客观性是确保信息公正无私,增强受众的信任感;深入程度则影响受众的理解和接受深度。此外,传播内容的组织和安排也是提高传播效率的重要技巧。通过有效的内容安排,可以更好地抓住受众的注意力,增强信息的吸引力,从而在受众心中留下更加深刻的印象,达到预期的传播目的。无论是从策略还是效果上,传播内容的精心准备和细致安排都是提高传播成功率不可忽视的因素。因此,人工智能支持下学习内容的设计是至关重要的。要根据学生的情况、教学目标等精心选择学习内容,呈现丰富多彩的学习内容,虚实结合、理论和案例结合等,应用多种教学方法,达到良好的教学效果。

五、社会环境影响

社会环境涵盖了人们生活中不可或缺的社会氛围,它不仅包括长期形成的社会传统习俗和文化规范，还涉及个体所属团体的具体影响。这种环境在很大程度上塑造了人工智能教育应用传播活动的方向和效果，其影响力有时候强大到几乎不受个人意志的制约。传播者在进行信息传递时，必须深刻理解并充分考虑社会环境的作用，努力营造一个有利于传播活动的社会氛围。因此，要注重校园相关文化的建设，包括教育模式变革、信息化教学、慕课教学等文化的建设，上至校长，下至普通教师和学生均积极参与进来，为教育模式的变革和教育信息化的发展贡献自己的力量。

六、传播技巧因素影响

传播内容是任何传播过程中的关键因素，涉及如何有效地传递信息以影响受众。传播技巧是在执行说服性传播活动时所应用的一系列策略，这些策略旨在有效地达到传播的预期目的。例如，构成一篇文章的主要元素包括主题、观点、使用的材料，以及论证方式。在已确定的主题和观点下，如何恰当地选择和安排材料、展开论证、并最终提示结论，是影响文章说服力的关键因素。具体来说，传播技巧包括多种不同的方法和策略，主要包括内容提示法、现身说法、单面提示和双面提示、情感诱导和理性诱导、明示法、说理法和诉求法等。要注重教学方法的选择，要根据课程内容、学生情况选择最为适合的教学方法，要注重对学生情感的引导。例如，组织大家见面交流、组织其他的交流活动等。

第四节 生态学视角下人工智能教育应用发展对策

一、生态学基本理论

生态学理论包括个体生态学理论、种群生态学理论、群落生态学理论以及生态系统理论等。本节对上述理论进行概述，然后基于此对人工智能教育应用中的相关问题进行研究。一般情况下，生物是以个体的形式存在的。有生命的个体具有新陈代谢、自我复制繁殖、生长发育、遗传变异、感应性和适应性等生命现象。生物个体对于生存的基本需要是摄取食物获得能量、占据一定空间和繁殖后代。个体是种群的基本组成单位，正是生物钟的多样性才构成了全球生态系统的稳定。

二、人工智能教育应用生态系统理论框架

（一）人工智能教育应用种群理论

人工智能教育应用生态系统中主要有三大种群，分别是教师种群、人工智能教育应用服务人员种群和学生种群。

1. 种群的特征

人工智能教育应用种群的特征主要表现在下述两个方面：

（1）数量特征（密度或大小）

人工智能教育应用生态系统中学生种群的数量比较庞大，人工智能教育资源可以由任意一个学生使用，满足其个性化学习需求。相对而言，教师种群人数相对很少，人工智能教育应用以每个学生的个性化学习为主，教师承担着协助者的作用。而人工智能服务人员种群往往较为庞大，其中包括学科专家、技术研发人员等，开发适合学生学习的人工智能产品非常重要。

（2）空间分布特征

人工智能教育应用生态系统中学生的空间分布是随机的。由于地域发展水平的不同，目前人工智能教育应用在经济较发达和教育较发达的地区发展较快。

2. 种群的增长

（1）种群的群体特征

①种群密度

目前，人工智能教育应用学生种群的密度在上述人工智能教育应用发展较快的省市密度较大，而我国其他大部分地区人工智能教育应用学习者的人数较少，而且密度也较小。

②种群结构

种群年龄结构是指不同年龄组的个体在种群内的比例和配置情况。研究种群的年龄结构对深入分析种群动态和进行预测预报具有重要价值。人工智能教育应用学习者主要分布在中小学，高校应用人工智能学习的还较少。

（2）种群数量变动生态对策

生态学中提出了 r 对策和 R 对策两种。人工智能教育应用的学习适用对策。在多变和不可预测的环境中，r 对策者展现出适应性，他们被视为新环境的开拓者。尽管这些开拓者在某种程度上依赖于偶发的机会，从而可以被认为是机会主义者，他们的生存往往伴随着"突如其来的大发展和剧烈的失败"。r 对策者拥有一系列能够最大化种群增长的生物学特性，包括高生育力、快速的发育周期、早熟、成年个体数量较少以及短暂的生命周期。此外，他们往往单次生殖多且后代较小。在环境条件有所改善时，它们能够利用自身的高增长率 r 迅速扩张种群规模，从而确保物种的持续生存。这种策略使 r 对策者在生态系统中能够迅速适应环境的变化，展现出极强的生物适应性和生存策略。人工智能教育应用学习者的数量受到诸多因素的影响，如会受到国家相关政策、教师授课模式、人工智能教育应用产品的质量等因素的影响。一旦其中的一种或若干种因素发生变化，则会导致人工智能教育应用学习者的数量急剧增加。我国要促进人工智能教育应用的发展，需要从上述多方面进行努力。

3. 种群调节

种群的数量变动，反映着两组矛盾的过程（出生与死亡、迁入与迁出）相互作用的综合结果。因此，影响出生率、死亡率和迁移率的一切因素，都同时影响种群的数量动态。对于 MOOC 而言，种群调节表现为学习者数量的变动、教师数量的变动等。对学习者种群数量影响较大的因素就是人工智能教育应用产品的质量如何，是否能够满足学习者的需求，包括学生学习现状诊断的精准性、相关知识推动的精准性等。而对教师种群数量影响较大的则是人工智能教育应用可以给教师带来的利益有多少。这要求国家和各个高校采取一定的措施，鼓励教师积极进行人工智能教育应用，可以是将教师进行人工智能教育应用折合成教师工作量或者采取一定的物质奖励等办法。

(二) 人工智能教育应用种群关系

1. 种内关系

人工智能教育应用种内关系包括集群、竞争关系等。

（1）集群

在自然界中，集群现象广泛存在于各种生物种群之中，这种现象不仅普遍，而且对于生物的生存与繁衍具有至关重要的意义。集群现象指的是同一物种的不同个体在某个特定时期聚集在一起生活的行为。这种行为形成了一种独特的适应性特征，有助于种群的持续发展和繁衍后代。集群行为的好处是多方面的，它能显著提升生物种群的生存概率。第一，集群有利于提高捕食效率，当动物群体一起行动时，它们能更有效地定位和捕获猎物。第二，集群还能共同防御外来的威胁和敌害，群体中的个体可以互相警告，迅速作出反应以抵御敌人。第三，通过集体行动，动物能改变所处的生存环境，例如，一些鸟类通过集体筑巢可以改变栖息地的微环境。第四，集群行为还有助于某些动物种类提高学习效率，群体生活使年轻个体可以通过模仿成年个体的行为快速学习生存技能。第五，集群还促进了生物的繁殖过程，集体生活的环境使寻找配偶和抚养后代变得更加高效，从而保证了种群的遗传多样性和健康成长。

集群的上述优点给人工智能教育应用的发展带来了一些启示。我们应建立人工智能教育应用学习小组。这样，大家可以相互交流，共同提高。学习小组的成员遇到问题可以相互讨论，相互学习。学习小组的学习方式也可以减少远程学习中学习者的孤独感。教师应积极指导学生建立学习小组，例如，可以以地域为界，同一地域的学习者组成一个学习小组。我们应提倡学习小组的学习方式，加强协作学习，提升学习效果。

（2）竞争

人工智能教育应用各个种群内部存在着一定的竞争关系。人工智能教育应用服务方之间存在着一定的竞争关系。随着人工智能教育应用企业数量的不断增加，人工智能教育应用企业之间的竞争也越来越激烈。面对如此多的不同企业的人工智能教育应用产品，学习者会选择其中的一些产品进行学习。获得更多学习者认可的人工智能教育应用产品将得到更好的发展。

2. 种间关系

种间关系包括种间竞争、共生、寄生等。在人工智能教育应用生态系统中，主要存在的种间关系是种间共生关系。互利共生是两物种相互有利的共居关系，彼此间有直接的营养物质的交流，相互依赖、相互依存、双方获利。在人工智能教育应用生态系统中，各个种群之间是共生的关系。人工智能教育应用生态系统中存在着学习者、教师和服务人员三个种群，只有三个种群密切配合，精诚合作，才能将人工智能教育应用不断向前推进。教师要不断优化人工智能教育应用模式，不断提升人工智能教育应用效果等。学习者要更加积极地投入人工智能教育应用学习中去，积极配合教师的教学。服务人员则要不断提供高质量的服务，只有这样，人工智能教育应用生态系统才能保持稳定，不断向前发展。

（三）人工智能教育应用生物群落

1. 群落的基本特征

（1）具有一定的物种组成

在人工智能教育应用生态系统中，存在着教学服务人员、教师和学生三个种群，他们构成一个群落。

（2）形成群落环境

人工智能教育应用群落有着其复杂的群落环境。人工智能教育应用群落面对的是复杂的网络环境。目前网络技术发展迅速，其中包括有线网技术和无线网技术，人工智能教育应用产品的使用通常通过网络的形式进行。网络技术的迅速发展为人工智能教育应用的发展提供了坚实的物质基础和条件保障。具体来说，有如下表现：

①网络社交媒体的不断涌现

国外出现的网络社交媒体有 Facebook、X、Pinterest、Google Photos、YouTube、Tumblr、Instagram 等，而国内出现的有 QQ、微信等。目前使用这些网络社交平

第四章 多学科视角下人工智能教育应用发展对策研究

台的人越来越多，据商业相关人员报告，几乎世界人口的40%在有规律地使用社交媒体，其中有630万人分享着世界范围内排名前25位的社交媒体平台。再以微信为例，2022年第四季度，"微信及WeChat的月活跃用户数为13.13亿，同比增长3.5%"[1]，继续保持着"第一国民App"的地位，是亚洲地区最大用户群体的移动即时通信软件。人们可以通过这些社交工具实现同步或异步的交流，分享自己的信息和体会，实现知识的共享等。人们可以在网络社交媒体分享的资源有文本、图片、视频等。这些社交媒体也可以被应用于教育中。教育者应用这些社交媒体实现教育信息和知识的传播，随时随地和学生进行交流和讨论，实现教学模式的创新等。越来越多的教师正在利用网络教学平台、微信公众平台等创建网络学习空间，实现教学模式的创新，也利用QQ、微信等工具与学生实时交流讨论等。高校还可以利用社交媒体召开视频会议、进行在线讨论等。网络学习空间和以往的学习方式（例如面授）相比，具有很多优点，例如网络信息传播速度快，可以随时随地进行学习等。

②无线互联网的大力发展

目前无线互联网技术不断发展，例如Wi-Fi技术等。无线网覆盖范围越来越广泛，高校、企业等越来越多的地方实现了无线网的覆盖。通信技术的发展也为无线互联网的覆盖提供了相关技术基础。手机、平板电脑等移动终端均能接入互联网。无线网技术的发展使移动学习、泛在学习、随时随地学习成为可能，为网络教学的发展提供了坚实的技术支持。

③云计算技术和物联网技术的发展

云计算技术为实现大规模资源共享和服务成为可能。云计算是一种依托于互联网服务的增加、使用和交付模式，它主要包括通过互联网提供的动态可扩展的资源，这些资源通常是虚拟化的。云计算的出现是分布式计算、并行计算、效用计算、网络存储、虚拟化技术、负载均衡以及热备份冗余等传统计算机和网络技术发展的自然融合。此外，云计算技术对于教育资源的大规模共建共享及服务方

---

[1] 搜狐网. 微信月活13亿，稳坐"第一国民App"宝座[EB/OL].（2023-03-26）[2024-02-20].https://www.sohu.com/a/659201928_114822

面，提供了坚实且可靠的技术支持。另外，物联网代表了物品之间的互联互通网络，这一概念主要基于两个核心理解。首先，物联网的核心架构和基础设施仍然是传统的互联网，它是在已有的互联网技术上的一种延伸和扩展。其次，物联网技术使终端用户可以将任何物品连接起来，实现物品之间的信息交换和通信，从而扩展了互联网的应用范围。物联网的发展不仅推动了教育信息化的进程，也为教育系统提供了更为广泛的技术基础和应用可能性。可以说，云计算技术和物联网技术为网络教学的深入发展提供了坚实的相关网络技术基础。

网络技术快速发展的表现离不开大数据技术的支持。大数据也被称作量资料，它涉及那些仅通过新型处理模式才能有效解析的海量、高速增长且多样化的信息资产。这类数据资产具有包括大量、高速、多样以及高价值等特点。随着云计算技术的发展和普及，大数据领域得到了越来越广泛的关注和研究。通常情况下，大数据用于描述企业生成的大规模非结构化数据和半结构化数据。这些数据量庞大且复杂，需要依赖特殊的技术和工具来进行有效处理。为了应对这些挑战，业界已经开发出多种适用于大数据处理的高效技术。这些技术包括大规模并行处理（Massively Parallel Processing，MPP）数据库、数据挖掘电网、分布式文件系统、分布式数据库、云计算平台、互联网以及可扩展的存储系统等。在实际应用领域，大数据技术正逐渐渗透到教育等多个行业中，它们利用大数据处理的高效性能提升教学质量和管理效率。例如，在教育领域，通过分析学生数据，教育者能更准确地理解学生的学习需求，从而设计出个性化的教学计划和方法。

人工智能教育应用群落除了存在于复杂的信息技术的环境中，还处在整个社会环境和自然环境中。我国是社会主义国家，这决定了我国人工智能教育应用的发展必然为我国的社会主义建设服务。目前我国正在为实现伟大复兴的中国梦而努力奋斗，人工智能教育应用的发展也必然为这一目标服务，主要为培养具有个性化发展的人。

（3）不同物种间的相互影响

群落中的物种有规律的共处，即在有序状态下生存。各分类等级由小到大，其复杂性在增加，群落不是种的简单集合。各分类等级的整体性大大超过其组成部分总和的复杂性，并成为一种新的具有其本身特征和特性的完整实体。群落中的各种生物并非简单共存，它们是相互作用的，群落是按照某种关系的完全联合和彼此相互作用的种的集合，成为功能的统一体。哪些种群能组合在一起构成群落，取决于下述条件：一是必须共同适应它们所处的环境，二是它们内部关系必须取得协调、平衡。这给人工智能教育应用的发展带来了一些启示。对于人工智能教育应用生态系统中的种群来说，首先，必须适应它们的外部环境。其次，种群内部的关系要协调、平衡。外部环境包括自然环境、社会环境和规范环境。社会环境包括国家对人工智能教育应用的相关政策、网络环境等。

（4）具有一定的动态特征

群落的组成部分是具有生命特征的种群，群落不是静止的存在，物种不断地消失和被取代，群落的面貌也不断发生着变化。由于环境因素的影响，使群落时刻发生着动态的变化。其运动形式包括季节动态、年际动态、演替与演化等。人工智能教育应用群落也是动态变化的。一些质量较差的人工智能教育应用产品将被淘汰。

2. 群落演替的制约因素

（1）群落内部环境的变化

教师信息素养的提高、学生学习状况的改变等都会引起人工智能教育应用群落的变化。

（2）外部环境的变化

外部环境的变化对群落的演替有着重要的影响。对于人工智能教育应用来说，国家的相关政策对人工智能教育应用的发展有着重要的影响。例如，国家对人工智能教育应用的投入等都将对人工智能教育应用的发展产生重大影响。

（四）人工智能教育应用生态系统

1. 生态系统的组成要素及功能

（1）生产者

教师种群和服务种群是生产者。教师种群包括课程主讲教师、辅导教师、主持教师等。他们制订相关学习规划、对学习者进行辅导答疑等，属于生产者，而服务者中人工智能教育应用的建设者、维护者等也属于生产者，他们与教师种群共同构成了人工智能教育应用生态系统的生产者。

（2）消费者

学习者种群是消费者。学习者学习教师制作的学习材料，接受教师的指导等，使用人工智能教育应用学习平台进行学习，属于消费者。

（3）分解者

教师种群和服务种群既是生产者，也是分解者。教师可以不定期对学习材料进行更新，对过时的、质量不高的学习材料予以清理；服务者也定期对平台上的垃圾（例如，论坛中的垃圾）进行处理，不断提升平台的质量（例如，界面水平等），他们共同构成了人工智能教育应用生态系统中的分解者。

2. 生态系统的物种结构

人工智能教育应用生态系统中学生物种属于核心的地位。人工智能教育应用一切以学生为出发点，包括人工智能教育应用课程的制作、学习支持服务的建设等都要以学生的需要为出发点。不断提升学习者的素质水平是人工智能教育应用的出发点和归宿。教师和服务人员要充分了解学生的需求，进行相应的教学和服务，而教师种群和服务人员种群则围绕学生的需求展开工作，为提升学生的素质水平而不断努力。

3. 生态系统的能量

能量流动是生态系统的生命线，系统内的所有生命物质都尽可能抓住一切机会，利用一切可以利用的能量，使生态系统内的能量得到充分利用。

（1）生态系统中的能量

经费是人工智能教育应用生态系统运行的保障，是生态系统的能量。生态系统只有在经费充足的支持下才能建设网络教学平台、支付相关人员工资、购置各类软硬件设备等。

人工智能教育应用建设者可以从多渠道获得能量（经费），他们可以采取措施获取政府部门的投资和社会机构的捐助。对于人工智能教育应用来说，能量来源的渠道越多，能量生态网就越多，对单一渠道的依赖性就越小，人工智能教育应用也就越稳定，对外抗干扰能力也就越强。

人工智能教育应用的经费来源有政府投资、企业投资、向学习者收费等。根据国家相关规划纲要，结合人工智能教育应用实际，设计以下人工智能教育应用投入机制：

①加大政府投资力度

发展人工智能教育应用需要大量的资金支持，其中包括人工智能教育应用平台建设、后期学习支持服务等。建议政府增加对人工智能教育应用的投资力度，为人工智能教育应用的发展提供相关的基础支持。人工智能教育应用不一定要以政府投资为主。但是政府投资是非常重要的一部分。政府应从教育信息化经费中划拨一部分专门经费，用于人工智能教育应用的发展。人工智能教育应用是国家建设终身教育体系的重要一环，有必要大规模发展人工智能教育应用。应把人工智能教育应用的发展纳入国家教育体系，并拨付专项资金用于人工智能教育应用的发展。

②鼓励多方投资

多方投资很重要，要鼓励企业对人工智能教育应用进行投资，同时要鼓励社会人士对人工智能教育应用进行投资、捐赠。人工智能教育应用是一件传播优质教育资源、造福人民和国家的非常有意义的事，应鼓励社会投资。鼓励相关教育热心人士进行捐助是人工智能教育应用筹集资金的一条重要途径。国家要广泛动员国内外热衷于教育的组织机构和个人对我国人工智能教育应用的发展进行捐助，以促进我国人工智能教育应用事业的长足发展。

③采取投资者与学习者适度分担相结合的机制

目前学习者需要交少量的认证费用等。关于人工智能教育应用如何收费的问题是业界讨论的热点问题之一。应根据人工智能教育应用的投入成本、学生的需求等确定人工智能教育应用相关的收费情况。

（2）信息流动

人工智能教育应用中的信息流动是核心。人工智能教育应用中信息流动的核心和主体是文化信息和知识信息的流动。目前人工智能教育应用传播的主要是知识信息，随着人工智能教育应用的发展，将中华优秀传统文化以人工智能教育应用的形式进行传播，不断丰富人工智能教育应用信息的传播内容。

（3）生态系统的自我调节

①反馈调节

当人工智能教育应用在发展过程中遇到问题的时候，生态系统的反馈调节功能可能会发挥作用。例如，当学习者对教师的授课有意见后，学生可以通过一定的途径向教师或管理人员进行反馈，教师或管理人员接到意见后进行反思，提出改进的意见并着手实施。再例如，当授课效果不理想的时候，这种情况可能会以考试考的不理想或作业做的不理想等形式反映出来，教师面对这种情况要认真分析原因，提出改进意见。

②生态平衡

当人工智能教育应用的生态系统达到了一定的成熟程度，这一系统便具备了自我调节的能力，能够维持其正常运作。在这种状态下，系统能有效地应对和消除外部的干扰，从而保持长期的稳定性。这种自我调节功能是系统内部各个元素之间相互作用的结果，确保了整个教育应用平台能持续高效地运行。

三、人工智能教育应用生态发展对策

（一）人工智能教育应用生态系统模型建立

人工智能教育应用生态系统由人工智能教育应用生态主体和人工智能教育应用生态环境两部分构成。人工智能教育应用生态主体包括三个层面，分别是物种、种群和群落。在人工智能教育应用生态系统中，生态成员可以被分为三大类别：学生群体、教师群体和服务支持群体。首先，学生群体包括所有使用该系统进行学习的个体，这些个体涵盖不同年级、专业、地区和教育层次的学习者；其次，教师群体则由所有参与人工智能教育应用教学的个体组成，包括主讲教师以及辅助教师；最后，服务支持群体涉及所有在教育应用产品开发、学习支持服务以及教学管理等方面工作的人员。此外，人工智能教育应用生态系统的环境可以分为几个关键领域：学习资源环境、学习支持服务环境、教学服务环境和教学管理环境。学习资源环境是指构建和整合各类学习资源，如人工智能学习工具、课件和学习资料等的总称。学习支持服务环境包含所有支持学生学习的环境要素，如教学互动的场所、学习设施的配置、网络运行环境、多功能学习平台以及信息资源中心等。教学服务环境覆盖了教务管理、培训服务、资源建设、教学实施及教师专业成长等方面。这些环境为教师提供了必要的支持，以便有效地进行教学活动。教学管理环境聚焦于为教学服务人员提供管理支持的所有环境要素，包括教学规范的制定、教学信息的发布、教学管理平台的运用以及教学评价的实施等方面。

人工智能教育应用生态系统构建了一个广泛的开放网络，这个网络需要社会系统不断地投入多样化的资源以维持其运作。同时，该生态系统也在不断地将其成果，如人力资源和学习资源等，回馈给社会系统。具体而言，人工智能教育应用生态系统所需的输入资源主要涉及人力、研发资金、物资设备等关键要素，这些都是支撑系统正常运作不可或缺的部分。此外，人工智能教育应用生态系统的输出成果主要包括培养的人才和提供的学习资源等。这些输出不仅能有助于社会的知识积累，还能促进技术的创新和教育质量的提升。

从结构上看，人工智能教育应用生态系统呈现出复杂的层级和动态的相互作用模式。一是种群内部的相互作用，如教学管理人员、技术研发人员和管理人员之间的协作与交流。二是不同种群之间的相互作用，如学生群体、教师群体与服务人员之间的互动，这种互动促使教学活动更加顺畅，并且提高教学成果的质量。三是生态学主体与其环境之间的关系。在这一层面上，教育生态的参与者与他们所处的环境紧密相连，彼此依赖，相互影响。四是生态系统与外部世界的相互作用表现在社会系统向教育生态系统持续输送资源，而教育生态系统则向社会系统输出人力和学习资源等。这种动态的给与取的关系不仅支撑了教育生态系统的持续发展，也助力社会整体的进步。

（二）生态主体与生态环境的相互作用

在人工智能教育应用远程教学生态系统中，生态主体主要是教师、学生和教学服务人员。生态环境主要是学习资源环境、学习支持服务环境、教学服务环境和教学管理环境。生态主体与生态环境之间相互作用，共同构成人工智能教育应用远程教学生态系统。生态主体与生态环境的关系主要包括三个方面，即生态主体对生态环境的构建、适应和利用关系。

1. 生态主体对生态环境的构建

（1）学习资源环境的构建

构建学习资源环境的目的在于使教师能迅速地建立学习资源，并且让学生能方便地访问这些资源。例如，在某高校中，基于特定学习平台的功能模块，学习资源环境是以课程为核心单位进行构建的。在具体课程设计中，初始步骤包括设置基础模块，如教师信息、互动交流系统、课程资料、课程作业、课程讨论和课程相关工具的链接等。每个模块都配备了详细的功能介绍和内容界定，这样的开放式学习资源环境不仅便于教师快速地开发和展示丰富的学习资源，也通过集中式的资源模块配置，简化了学生的资源获取过程。学生可以根据自己的学习需求，轻松访问不同的课程模块以获取所需的学习材料。此外，在构建学习资源环境的过程中，还需考虑到课程模块的可扩展性，使教师能够根据教学实际需求，灵活增加新的模块和学习资源。

（2）学习支持服务环境的构建

学习支持服务环境是构建人工智能教育应用远程教学生态系统的关键因素之一。这一环境的主要目标是确保学生能够在任何时间、任何地点都能获取必要的学习支持。为了实现这一目标，基于网络的教学平台可以具备以下几个关键功能：首先，信息服务功能，这一功能主要是为了便利学生获取各类学习相关的信息，无论是课程资料、参考书目还是最新的学术研究成果；其次，网上导学功能，这一功能确保学生在学习的整个过程中都能得到有效的学习指导和帮助，从而优化学习路径并提高学习效率；最后，教学交互功能，它允许学生与教师、同学以及教育管理者之间进行有效的沟通与交流，通过这种互动，学生可以更好地解决学习中遇到的问题，同时增强学习的社交体验。这三种功能共同构成一个全面的学习支持服务，为远程教学提供了强大的后盾。

（3）教学服务环境的构建

为了支持教师在这一过程中的各项需求，一个高效和成熟的教学服务环境显得尤为重要。这种环境应当具备以下几个关键功能：

①信息服务功能

这一功能旨在通过"一站式"服务模式，集中提供所有教师所需的信息。这包括教育政策法规、详尽的教学计划、具体的教学安排以及各类相关资料的下载链接。通过这样的集中式信息服务，教师可以更高效地获取必要的信息资源，从而更好地准备和实施其教学任务。

②培训服务功能

为了增强教师的远程教学能力，这一功能将各类培训资源整合在一起。培训内容被划分为四个主要模块：远程教育的基本知识、网络课程的构建技术、学习平台的操作方法以及教师远程实施的规范流程。每个模块均配备专门设计的网络课件和电子文档，使教师能在学习平台上迅速熟悉并掌握远程教学的关键技能。此外，教师还可以通过在线交流园地或电话联系，及时获得教学和技术方面的支持与帮助。

③专业发展服务功能

此功能致力于推动教师专业成长和知识更新，特别是在人工智能教育应用的新领域。学习平台设立了如远教会议、远教研究和相关网站等多个栏目，精选并提供适合教师需求的最新信息和研究成果。这些栏目能帮助教师及时了解国内外重要的远程教育会议信息、掌握远程教育研究的最新进展和发展趋势，促进他们的职业发展和知识扩展。

④教学实施服务功能

学习平台为教师提供了一个优化的教学实践环境，主要通过学习平台的控制面板来实施教学。这一服务功能确保教师能在一个稳定和易于管理的环境中进行教学活动，从而提高教学效果和学生学习体验。

（4）教学管理环境的构建

在人工智能教育应用远程教学生态系统中，教学管理环境能够帮助教学服务人员实施教学管理工作，促进教学工作的顺利开展。教学管理环境至少需要实现下述三个方面的功能：教学信息发布、学习过程监控和学习评价。

2. 生态主体对生态环境的适应

在人工智能教育应用教学生态系统中，学生作为生态主体，需要适应其所处的生态环境。学生适应生态环境的方式有两种：一种是主动适应，另一种是被动适应。主动适应是指学生主动利用周围的各种资源，了解和熟悉人工智能教育应用教学生态系统，达到熟悉人工智能教育应用教学环境的目的。被动适应是指学生被动地适应生态环境。远程教学生态系统提供的导学服务能够促进学生快速适应生态系统。

（1）学生对生态环境的适应

①帮助学生全方位地适应生态环境

在进入人工智能教育应用之前，学习者往往已经长期沉浸在传统的教学模式中。当他们面对一个全新的远程学习环境时，学习者必须迅速地了解、熟悉并适应这种模式，以确保能够真正融入并充分利用这一环境的优势。根据生态适应原则，那些无法适应远程学习环境的学习者将很难在这样的环境下取得好的学习效果。为了帮助学生顺利过渡到远程学习环境，人工智能教育应用的教师扮演了极为重要的角色。他们通过详细的介绍和实践操作演示，帮助新生全面、系统地理解人工智能教育应用系统的运作，包括技术的使用，以及如何在远程学习环境中有效地学习和互动，从而让学生能熟悉并适应这种新的学习方式。通过这样的过程，新生可以更快地融入远程学习环境，最终成为能独立解决问题并有效利用资源的成功学习者。

②帮助学生快速掌握学习方法

在当今社会，终身学习已成为个体发展的关键要求，特别是在远程学习环境中，远程学习与传统学习模式存在显著不同，学习者需要掌握自主学习的能力。这种学习方式的一个主要特点是教师角色的转变，他们不再是信息的主要传递者，而是更多地扮演指导和支持的角色。学生必须学会独立管理学习进程，这包括设定学习目标、管理学习时间以及采用有效的学习策略。对于远程学习者而言，掌握有效的学习方法不仅是适应在线学习环境的前提，也是提高学习效率的关键。学生学会如何学习，成为远程教育体系中应掌握的核心技能。在这种学习模式下，学生如果仅依赖教师的常规指导和监督，将难以取得良好的学习成效。相反，学生需要发展出适应远程学习特点的独立学习策略，如主动寻求资源、有效利用在线交流工具、及时反馈学习中的问题，以及自我评估学习成果等。学生通过系统的学习导学课程，不仅可以快速掌握适用于远程学习的策略，还能在专业学习中更加得心应手，达到事半功倍的学习效果。构建一个支持性强、互动性高的远程学习环境，对于培养学习者的自主学习能力至关重要。

③帮助学生快速扫清技术障碍

为了帮助学生克服学习中遇到的技术障碍，我们需要采取一种不同于传统教育的方法。在基于信息技术的远程教育环境中，学生应具有较高的信息处理能力，并且需要熟练掌握一系列远程学习技术。例如，计算机技术、网络技术、网页浏览、网上交流、信息检索、文件上传下载等。学生如果缺乏这些技术，将给远程学习带来极大的不便。学生可以通过学习，快速学习这些技术，扫清远程学习的障碍。

（2）教师对生态环境的适应

教师对环境的适应主要表现在适应远程教学环境，包括学习资源环境、学习支持服务环境等。教师可以说是人工智能教育应用学习生态系统的核心，其对生态环境的适应是人工智能教育应用能否取得成功的关键。教师适应远程教学环境，分为两种，一种是主动适应，另一种是被动适应。主动适应是指教师主动适应生态环境，被动适应是指教师在各种政策、制度下不情愿地适应生态环境。远程教学生态环境需要促使教师从被动适应环境转变为主动适应环境，通过发挥教师的主观能动性，使教师更容易适应生态环境。可以实施以下一些举措：

①构建良好的政策和环境

教师适应生态环境对于人工智能教育应用的发展具有重要意义。可以出台一些激励政策，鼓励教师进行人工智能教育应用，如对人工智能教育应用的教师计算工作量，将人工智能教育应用中的工作量和常规工作量等同起来（或按一定的标准进行换算），这样能够提高高校教师进行人工智能教育应用的积极性，从而使教师主动适应生态环境。

为了提高远程教育的质量和效果，需要建立一套完善的远程教育教师准入制度，以便帮助促进教师主动适应新的教学生态环境。例如，希望参与人工智能教育应用的教师必须接受系统的专业培训，并且教师需要通过一项专业化考试，才能获得远程教育教学资格。在政策层面上，应鼓励教师积极参加各类与远程教育相关的研讨会和培训活动。政府或相关教育机构可以提供必要的资助，以降低教师参与这些活动的经济负担。通过这种方式，教师能够不断更新自己的专业知识和技能，更好地适应教育技术的快速发展。有这样的政策支持和资源投入，将大大增强教师的教学能力，从而提升整个远程教育体系的效能。

②建构完善的教学服务环境

完善的教学服务环境能够让教师及时获取各种信息，获取各种培训，从而帮助教师快速地适应生态环境。

③建构完善的教师培训体系

在构建一个高效的教师培训体系时，关键在于确保教师能够迅速掌握远程教育的核心技能，并顺利融入网络教育的生态系统。这一体系的构建涵盖几个重要方面。首先，组建一支专业的教师培训团队，并为教师提供深入的专业化培训。这个团队中不仅应具备丰富远程教学经验的教师，还应涵盖学科专家、远程教育专家及教学设计专家，共同协作，提升培训的质量与效果。其次，精心策划并设计培训课程内容，确保教师接受全面且系统的培训。培训内容应根据远程教学的实际需求来定制，涉及多个关键领域：人工智能教育应用的基本理论，以帮助教师深入理解远程教学的概念与实践；教育技术的基本理论培训，助力教师掌握网络课程的教学设计方法；人工智能教育应用及教学平台技术的操作培训，让教师能够熟练使用教学平台进行教学活动；网络课程的构建培训，包括在线资源及线下教材的开发；以及教学支持服务的培训，指导教师如何提供专业化的学习支持服务。最后,开发并维护一个专门的教师培训网站,以便教师能够方便地接受培训。通过网络平台进行培训不仅能提供丰富的电子资源,还能增强教师对学生网络学习过程的理解。在远程教学平台上,可以创建专门为教师设计的课程模块,集中展示培训内容。这些模块主要包括远程教育基础、网络课程建设技术、学习平台使用以及教学实施规范等,全面帮助教师熟悉并掌握其职责范围内的关键技能,从而在短时间内适应并优化其教学效果。

(3)教学服务人员对生态环境的适应

教学服务人员在人工智能教育应用生态系统中起着重要的作用。教学服务人员对生态环境的适应也分为主动适应和被动适应两种,要使教学服务人员尽快主动适应人工智能教育应用环境。

①建立完善的管理制度

公平公正的用人环境,较高的薪酬能够促进教学服务人员主动适应生态环境,同时,规范、严谨的管理制度也能让教学服务人员更全面、更快速地适应生态环境,如引入 ISO 质量管理体系。

②建立完善的培训体系

完善的教学服务人员培训体系能够帮助教学服务人员全方位地了解远程网络教育,认识远程网络教育的办学模式,熟悉远程教学规律,能够促进教学服务人员快速熟悉和适应生态环境,特别是教学管理环境,促进各项教学服务的顺利开展。

完善的教学服务人员培训体系需要有专门的培训部门和专业的培训人员,培训人员的专业化程度越高,越能保障培训的质量和培训的效率。

3. 生态主体对生态环境的利用

学生对生态环境的利用是生态主体对生态环境利用的典型代表。学生对生态资源的充分利用一方面可以提高学习资源的利用效率,另一方面可以提高学生的学习效率。

(1)学习资源的利用途径

在信息技术高速发展的今天,学生可以通过多种途径获取学习资源,不仅可以从主讲教师、辅导教师、管理者处获取学习资源，还可以从朋友、同事、互联网等处获取学习资源。

（2）学习资源的利用效率

学生对学习资源的利用效率指的是单位时间内学习者所能获取知识的多少。学习资源的利用效率取决于学生的基础生态位、学习资源与学习者的距离、学习资源的难易程度，学习资源的呈现方式以及学习资源的针对性等。

①学生基础生态位与学习资源的利用效率

在探讨学生基础生态位与学习资源的利用效率时，我们先需要理解基础生态位的概念，即学生已掌握的知识所在的具体区域。同时，学习资源生态位指的是远程教学生态系统中提供的学习资源所处的位置。这两个概念的交集，即基础生态位与学习资源生态位的重叠部分，揭示了人工智能教育应用中已被学生掌握的知识内容，这部分内容学生无须再次学习。那些位于学习资源生态位而未被基础生态位覆盖的部分，则代表着学生尚需学习的新知识。基础生态位与学习资源生态位的重叠程度越高，意味着提供的学习资源在知识内容上的重复性越大，从而降低了资源的新颖性和价值，学生获取新知识的效率也随之降低。相反，如果这两个生态位的重叠较少，所提供的学习资源在内容上更为独特，学生从中获得的新知识也会更多，资源获取效率自然更高。

②距离与学习资源的利用效率

对于距离与学习资源的利用效率的讨论，我们可以借鉴最优采食理论。该理论指出，生物在获取食物时，若迁移距离过远，所需消耗的能量将随之增加。在食物资源有限的情况下，生物倾向于选择距离较近的食物资源，以此减少能量消耗，提高采食效率。同理，学生在获取学习资源时也面临类似的情况。学生与所需学习资源的距离越远，他们需要投入的时间和精力就越多。在设计教育资源和教学环境时，应当考虑到这一点，尽可能减少学生与学习资源之间的"距离"，无论是物理距离还是心理距离，以提高学生获取和利用这些资源的效率。通过优化资源分配和提高资源的可访问性，我们可以有效提升学习的整体效率和成效。

距离可以分为空间距离和心理距离两种。人工智能教育应用通过将包括交互资源等在内的学习资源放在网上，使学生可以轻松获取网络学习资源并进行学习。学生和学习资源之间空间距离越短，学生越容易获取学习资源，从而学生学习资源的利用效率也就越高。人工智能教育应用中教学者可以尽可能缩短学生和学习资源的空间距离，提高学生学习资源利用率。

心理距离也对学习资源的利用率有一定的影响。学生与教师的心理距离越近，学习资源的利用率一般也会越高。人工智能教育应用将学习资源放在网上，和校园常规学习相比缩短了学生和学习资源的距离，但加大了学生与教师的心理距离，从而使校园常规学习的学习资源利用率比远程教育要高。所以远程教育应采取一定的措施，缩短学生与教师的心理距离，如可以通过在线交流、设定一定的面授时间、组织一定的活动等。

③难易程度与学习资源的利用效率

学习资源的难易程度直接影响学生对这些资源的利用效率。当学习资源难度过高时，学生会发现它们难以理解和掌握，这就可能导致在学习过程中耗费过多时间和精力。结果，这种不平衡的难度设置降低了学习资源的利用效率。相反，如果学习资源过于简单，学生可能很快就会感到无聊和不感兴趣，这同样会导致学习资源的利用效率降低。为了平衡这一问题，教育者可以根据学生的能力和需要，适当地提供一些难度较高或较低的学习资源，以满足不同学生的需求，从而优化学习资源的整体利用率。

④呈现方式与学习资源的利用效率

学习资源的呈现方式也会对学生学习资源的利用率产生影响。学习资源的呈现方式越多，学生可以学习的资源形式就越多，越有利于学生提高学习资源的利用率。因此，应将人工智能教育应用学习资源呈现方式多样化，如建设人工智能教育应用移动学习资源等。

⑤针对性与学习资源的利用效率

高度针对性的学习资源可以极大地提高学生的学习效率。当学习资源紧密对接学生的实际需求时，学生在使用这些资源时不需要花费时间去筛选那些与自己需求不相关的内容，这就减少了学习资源选择和筛选的时间。因此，确保学习资源的高度针对性不仅可以节省学生的时间和精力，还可以显著提高学习资源的利用率。教育者和课程开发者应致力于调研和了解学生的具体需求，以便设计出既符合教学目标，又能最大程度满足学生需求的学习材料。

第五章 人工智能教育应用面临的挑战与展望

　　人工智能教育应用虽然发展较快，并在各方面取得了一定的进展，但仍处于浅层次的、以认知为导向的弱人工智能阶段，其在教育领域应用的潜力未得到发挥，对于推进教育系统深层次变革依然存在广阔的发展空间，在推进人工智能教育应用的过程中还会面临诸多的现实问题与挑战。本章主要介绍人工智能教育面临的挑战、人工智能教育应用的展望。

第五章 人工智能教育应用面临的挑战与展望

第一节 人工智能教育面临的挑战

在人工智能技术的蓬勃发展浪潮中，教育领域正迎来一场管理工具的深刻变革。当前，教育治理的核心已逐渐转向政府、学校及教育相关第三方的协同合作。然而，随着数字化、智能化和全面性的深入发展，新的挑战也应运而生，这些挑战在人工智能的视野下对教育治理构成了新的考验。我们必须清醒地看到，人工智能技术带来的不仅是便捷和高效，也潜藏着多重风险。我们需要重新审视并明确治理理念，强化价值观的引领作用。同时，加大预防和约束的力度，确保数据的安全性和算法的公正性，保障人工智能在安全、可靠、可控的轨道上稳步前行。

人工智能技术给人类社会带来便捷的同时，也衍生出复杂的伦理、法律和安全问题，这些问题中我们应着重警惕数据泄露、数据鸿沟等隐私伦理问题。可以说，伦理学的提出，特别是科技发展带来的应用伦理学，给社会带来巨大的变革，但现有的人工智能在教育治理中很少有涉及人工智能伦理的。虽然人工智能伦理问题在当前社会受到广泛重视，但具体落实的步伐显得迟缓，这导致在推进人工智能伦理教育的过程中，不得不面对一系列棘手的挑战。为了有效应对这些挑战，人工智能伦理教育需要在多个层面展开。首先，需要通过广泛宣传和教育，培养公众对人工智能伦理的正确认识，引导他们树立积极的价值导向，追求善行、避免恶行。其次，需要制定和完善人工智能伦理教育的相关标准，确保学校能够系统地进行人工智能伦理教育，构建一个全面、系统的人工智能伦理教育体系。在解决伦理安全问题上，应采取综合策略。一方面，要继续加大教育力度，提高公众对人工智能伦理问题的敏感度和认知度，使更多人能够认识到伦理问题的重要性。另一方面，还需要建立健全的法规制度，通过法律法规等手段，规范人工智能的发展和应用。

在今日的教育界，虽然国外对人工智能的利用已经迈出实质性步伐，但国内大部分地区对其在教育领域的运用仍处于摸索阶段。鉴于 AI 技术尚未完全成熟，其在国内教育领域的融合仍被视为一种具有潜力的未来趋势，但我们拥有足够的能力,结合教育系统内在需求与 AI 技术的最新进展,对人工智能教育背后的伦理议题进行深刻的剖析。虽然 AI 在教育中的应用尚未大面积铺开,但相关伦理议题已然浮出水面。面对这些风险和挑战,我们必须正视 AI 在教育领域所引发的伦理问题,并预见到未来可能加剧的伦理风险,应以理性和审慎的态度审视 AI 与教育的结合,同时在教育和技术伦理的框架内,对 AI 在教育领域的应用进行恰当的规范与引导,以确保能够充分发挥人工智能在教育领域的潜力,同时避免其可能带来的负面影响。

一、人权伦理风险

(一)人权与人权伦理

关于人权,由于国家、民族、宗教、观念以及文化背景的不同,学界对于人权的概念存在一定的争议,甘绍平曾经对人权问题发表了自己的看法,他认为"人权指的就是人能够在公共场所主张自身的基本利益,而且该主张必须要有所保障,但其与当事人的国籍、地位、能力及努力程度无关"[①]。人权是一项独立于其他任何事物的权利,每个人都必须享有人权,人权应该不受国籍、种族、信仰、财富和地位等的影响,任何人都必须享受该权利,并且人权的地位高于其他一切权利和利益,也是人类享受其他权利的基础可见,人权的定义具有两个重要特征:一是普遍性,二是道义性。但随着时代的进步,基础性成为人权的第三大特征,表达了人权是人类基本利益和诉求的观点。本书聚焦于人工智能技术在教育这一社会子系统中的伦理风险问题,因为教育正是树立人权观念的重要前提和保障。

人权伦理,就是从伦理学的视角来研究人权。它不仅是对人权问题的深入探究,更是对人权价值的细致雕琢与精确定位。在这一过程中,确立了一套完整的价值准则与框架,形成了一个融合了制度伦理与非制度伦理的复合体。这个复合体并非空洞的理论堆砌,而是具有实质性的内涵与外延。它涵盖了人权伦理的道

[①] 甘绍平. 应用伦理学前沿问题研究 [M]. 南昌:江西人民出版社,2002.

德结构，这一结构是支撑其存在的基石，为我们提供了判断行为对错、善恶的标准。同时，它还蕴含了丰富的价值观，这些价值观是处理人权问题时所应遵循的原则和导向。人权伦理的核心在于尊重人的权利、生命、健康与幸福。这是我们在处理人权问题时所应坚守的底线和原则，必须确保每个人的尊严、自由与平等得到充分的保障，从而推动人类自由的全面发展。以此为基础，人作为教育的主体，在教育活动中应用 AI 技术承担着不同的角色，"Tomsett 等认为人工智能生态系统可由六个不同的部分构成，分别是系统创建员、系统操作员、决策执行员、决策主体、数据主体以及系统监测员。"[1] 在探讨人工智能教育系统的多维角色时，首先要认识到，这一系统的构建并非单凭一己之力。其背后的缔造者，是那些倾注心血于研发人工智能教育产品的专家团队、协作单位及其合作伙伴。然而，当系统投入实际运行时，其真正的操作者、执行者、决策者，乃至数据的主要管理者，实际上是由教育者和学习者这一对双重角色共同承担的。在教育实践的前沿阵地，他们与 AI 系统紧密互动，不仅推动了系统的实际应用，更为系统的数据库源源不断地注入了活力与创意。而在这一互动的生态链中，还不能忽视那些担任着监督职责的角色。他们可能是负责对 AI 教育产品进行严格管理和审查的机构，也可能是具备深厚专业知识的专家。在接下来的讨论中，会将目光聚焦于这些不同的参与者——无论他们是人还是人工智能机器，以及他们之间可能产生的权益交织与碰撞。

（二）教育主体的权利嬗变

在教育的演进历程中，教育者和学习者是人工智能教育生态中不可或缺的核心要素。这两者并非简单的对立面，而是作为平等的主体，在教育过程中展开紧密的互动。在人工智能的赋能下，教育者和学习者共同构成了教育的双重主体，而客体则聚焦于教育资源，如精心设计的课程和教材、丰富的数据以及前沿的信息。值得一提的是，AI 教育工具成了连接这两大主体的纽带，极大地推动了教育

---

[1] Tomsett R, Braines D, Harborne D, et al, Interpretable to whom？ A role-based model for analyzing interpretable machine learning systems[C]. Proceedings of the 2018 ICML, Workshop on Human Interpretability in Machine Learning.Stockholm, CoRR, 2018, 8-14.

过程中的互动与沟通，使教育过程更加高效、便捷。

AI 技术在教育领域中的应用进程中，教育主体，即作为 AI 教育系统的系统操作员、数据主体和决策主体，会在不同的阶段遭遇各种人权与伦理的风险。作为系统操作员，教育者和学习者需要熟练掌握 AI 教育系统的操作技巧，避免因操作失误而对教学、学习进度以及后续决策产生不良影响，而这些潜在的严重后果是我们难以预料的。在决策层面，教育者作为决策主体及其执行者，需要审慎考虑其决策是否真正符合学习者的需求；同时，学习者需审慎选择机器作出的决策，确保其符合自身需求。此外，作为数据主体，如何在智能时代确保个人数据和隐私的安全，已成为数据伦理关注的焦点。以上所有因素，都是确保教育者和学习者能够充分利用 AI 教育产品，实现全面自由发展的重要前提。

谈及教育领域人工智能的崛起，我们目睹了其从单一工具到多元化角色的转变，这些角色包括但不限于教育者、学生，以及专业指导者。特别是在处理那些标准化、重复性的教学任务时，AI 教育应用正逐步崭露头角。这一现象促使我们重新审视教师的职能定位，并为其赋予更为核心、机器难以企及的价值。展望未来，人工智能的智慧愈发耀眼，不难预见，其能力将不仅局限于与人类媲美，甚至可能超越我们的想象。这一颠覆性的变革引发了教育界的广泛讨论：随着这些变革的推进，教育生态将如何重塑？教育事业又将迎来哪些前所未有的挑战与无限可能？

一方面，在教育领域，AI 的崛起无疑给教师职业的未来带来了前所未有的挑战和机遇。我们必须清晰地认识到，尽管 AI 技术可能在某些方面实现自动化，甚至在某些教学任务上表现出色，但教师职业仍有其不可替代性。这是因为教育的本质不仅是知识的传递，更是人类情感、价值观和社会技能的培育的过程。AI 技术的挑战，实际上也为教师职业的转型提供了契机。通过引入 AI 技术，教师可以从一些日常繁重的任务中解脱出来，如作业批改、考试评分等，也能有更多的时间和精力去专注于那些真正需要人类智慧和情感投入的教育活动，如课堂互动、学生辅导、创意激发等。这将使教育过程更加个性化和有针对性。然而，也要警惕技术依赖的风险。尽管AI技术能够在很多方面帮助教师，但不能忽视人类在教育中的核心地位。教师需要保持自身的专业发展和教学技能的提升，与智能系统形成有效的协作关系，而不是被其取代。同时，需要关注数据信息安全和伦理问题。随着AI技术的广泛应用，学生的个人信息和教学数据将面临更大的安全风险。因此，我们需要建立健全的数据保护机制，确保学生的隐私不被侵犯。同时，需要提升教师的伦理知识储备，确保他们能够在应用AI技术时遵守伦理规范，避免对学生造成不良影响。

另一方面，在教育领域，人工智能无疑为学生带来了前所未有的学习机遇，但与此同时，也不能忽视它对学生主体地位的挑战。当前市场上涌现出众多的AI教育产品，它们声称能够提供个性化的学习体验，然而，这些产品是否真正能够全面发展学生的各项能力，确实有待商榷。首先，AI系统通常基于大量的数据分解与对比来为学生提供学习建议。这种技术手段在一定程度上确实提高了学习的效率，但过度依赖技术也可能导致我们忽视了学生的全面发展。例如，过于精细化的学习计划可能会限制学生的创造力与批判性思维，使他们过于依赖系统，而缺乏独立思考的能力。其次，人机融合的教学模式虽然新颖，但也可能使学生逐渐"物化"。在与AI系统的互动中，学生可能会逐渐失去对真实世界的感知，导致教育价值的方向难以保持积极。此外，长期使用电子屏幕不仅会对学生的视力造成损害，长时间的久坐也会对他们的身体健康产生不良影响。更为严重的是，与机器的过度互动可能会降低学生的社交能力，进而引发一系列的心理问题。

二、技术伦理风险

（一）技术与技术伦理

技术一词的起源可追溯到古希腊哲学家亚里士多德对"自然"与"人工"这一对概念的明确区分。自此以后，技术在哲学、社会学以及科学的广阔领域中得到了深入的探讨，然而，关于技术的确切定义，却始终没有一个统一的答案。

技术伦理学作为一个新兴的学科领域，巧妙地将社会语境融入其中，将机器、工具、设施等一系列人类创造和使用的产物都视为技术的范畴。技术伦理的核心任务就是对这些技术产品所蕴含的价值以及可能带来的后果进行深入的审视和评估。技术的探讨并非孤立的，它与其他学科和理论流派有着密切的联系。马克思主义、技术批判、媒介理论以及技术决定论等不同的理论流派，都从不同的角度对技术的影响进行了深入的探讨和研究。这些理论提供了丰富的视角和工具，使我们能够更全面地理解和评估技术的价值和影响。在技术伦理学的领域中，尤其重视个人的视角，因为技术产品的最终使用者是人，它们对人类社会的影响也最终会落实到每个人身上。因此，我们强调技术产品的工具价值，即它们是否能够真正地为人类带来便利和福祉。以人工智能为例，这一技术产品在教育领域的应用就是一个典型的例子。它作为一种工具和手段充当着人类和教育之间的桥梁和媒介。然而，我们也需要审慎地评估其潜在的影响和价值。因为任何技术产品都有可能带来意想不到的后果，我们需要通过技术伦理学的研究，来确保这些技术产品能够真正地为人类带来福祉，而不是带来灾难。

（二）人为操作影响决策

在 AI 教育产品的全生命周期里，系统创建者和监测员无疑是确保产品达到高质量和道德合规性的核心力量。他们肩负的责任重大且不可忽视。首先，从研发初期开始，就需要高度警惕技术伦理可能带来的风险。产品的稳定性、安全性、有效性以及公平性都是我们必须严格把关的关键点。同时，需要在产品开发过程中，平衡好各方利益，确保我们的产品能够在满足市场需求的同时，也符合社会道德和法律法规的要求。在这个过程中，人权问题更是我们不能忽视的一环，必须确保数据隐私得到充分的保护，避免任何形式的用户信息泄露。同时，也要防止偏见被融入代码中，确保每个用户都能得到公平、公正的学习体验。此外，还需要构建一个全面、多元的数据库，以满足不同用户的学习需求，让每个用户都能在产品中找到适合自己的学习内容。作为系统创建者，需要明确自身的伦理责任，在产品设计阶段，要充分考虑用户的能力和需求，确保产品能够真正满足用户的期望。同时，还需要在产品中融入人性化的设计元素，让用户在使用产品时能够感受到温暖和关怀。对于软件架构师来说，他们需要确保整个系统的公开透明、安全可靠。他们需要精心设计系统的架构，确保系统的稳定性和可扩展性。同时，他们还需要关注系统的安全性，防止任何形式的黑客攻击和数据泄露。对于程序员来说，他们需要编写无偏见的代码，确保代码能够公正、准确地反映教育内容的真实性和准确性。他们还需要关注代码的可读性和可维护性，确保系统能够长期稳定运行。

在数字化教育浪潮中，对于 AI 教育产品的质量与标准的把控显得尤为关键和重要。这正是 AI 教育产品监测团队所肩负的重任。团队由一流的专业代理机构、资深的数据专家以及顶尖的研究人员共同构成，他们依据教育部门制定的严格准则，对 AI 教育产品进行全面、细致的监管和审查。该工作并不能仅停留在对产品本身的检测上，更重要的是要追求系统的安全性、一致性和公平性。每个产品在正式部署前，都必须经过该团队严格的测试和评估，确保其在运行过程中能够稳定、安全地运行。同时，要对产品的运行数据进行备份和分析，以预防可能出现的潜在问题。在模拟用户与 AI 教育产品的交互过程中，该团队会对系统的决策过程进行深入的分析和评估，确保其在作出决策时能够符合教育伦理和安全标准。如果发现问题，要及时提出改进建议，以确保 AI 教育产品能够为用户提供高质量的教育服务。然而，该工作也面临着诸多挑战。如何确保监测团队的专业性和公正性？如何保证监督结果的真实性和可靠性？如何确保我们的反馈意见和建议能够符合教育伦理？这些都是需要我们去解决的问题。

（三）数据与算法威胁安全

在构建全面而先进的 AI 教育系统时，必须充分认识到大数据、深度学习与云计算技术这三者之间的紧密合作和互补关系，它们共同推动着 AI 教育的进步与革新。大数据为 AI 教育系统提供了丰富而多元的数据资源，使系统能够更准确地捕捉用户的学习需求和行为模式。而深度学习技术则担任着构建学习核心的重要角色，通过对大数据的深度挖掘和分析，实现个性化的学习路径规划和精准的知识点推荐。云计算技术的强大算力支持则确保了 AI 教育系统的高效运行和快速响应，为用户提供了流畅而稳定的学习体验。然而，正如任何技术都有其两面性一样，大数据和算法在 AI 教育中的应用也存在一定的风险和挑战。

在数据积累阶段，系统需要对用户的学习行为进行持续观测和记录，这就可能引发一些伦理风险，如近年来备受争议的"赋思监测头环"案例，就涉及对学生隐私的过度侵犯。因此，在数据的使用和传播过程中，必须高度重视隐私保护问题，确保用户数据的安全性和保密性，防止数据泄露和侵犯用户隐私的情况发生。同时，数据的归属、使用权限以及分析方式等也需要明确和规范。尽管算法的公开透明有助于提升系统的公正性和可信度，但也可能带来一些潜在的风险。例如，恶意攻击者可能会利用算法漏洞进行攻击或篡改数据，从而影响系统的正常运行和用户的学习体验。因此，在推进 AI 教育的过程中，需要不断加强对算法和数据的安全防护和监管力度。此外，AI 教育系统的高度自动化和智能化也可能带来一些道德伦理风险。由于该系统依赖大量的数据和算法进行决策和推荐，因此在某些情况下可能会出现偏差。尤其是在创造性学习和思维训练中，过度的自动化和标准化可能会限制学生的想象力和创造力发展，从而影响其成长和进步。因此，在设计 AI 教育系统时需要充分考虑到这些因素，并采取适当的措施来降低这些风险。

（四）过渡依赖技术的弊端

在谈及人工智能作为教育领域的重要纽带时，必须清醒地认识到其中潜在的滥用风险，这些风险可能严重背离了利用技术来服务教育的初衷。首先，必须警惕过度依赖技术可能带来的问题。当教育者和学习者都过度依赖于人工智能，他们可能会丧失自主性，导致独立思考和学习能力的丧失。教育者可能会过度依赖技术来制定教学策略，忽视了个性化的教学需求，而学习者也可能因为过度依赖 AI 工具，而失去了对学习内容的选择权。其次，过度崇尚科技可能导致忽视德育和人文教育的重要性。人工智能虽然能提供高效的学习工具和资源，但它无法替代德育和人文教育在塑造人的道德理性、处世态度和价值观方面的作用。如果过度依赖技术，忽视了这些方面的教育，那么学生可能会成为技术高超但道德缺失的"空心人"。最后，过度依赖 AI 技术还可能加剧教育不公平的现象。优质的教育资源和技术往往集中在富裕地区和学校，这可能会形成"数字鸿沟"，使贫困地区的学校和学生无法享受到同等的教育资源。这种不公平的现象会阻碍实现教育公平的目标，让更多的孩子失去接受优质教育的机会。

三、代际伦理风险

（一）代际与代际伦理

自人类社会诞生以来，代际关系就一直作为社会基本关系和基本有机结构而存在，但直到20世纪中叶，代际间的伦理问题才开始受到广泛的关注和深度的剖析。特别是在中国这片古老的土地上，对于代际关系的全面探讨，自20世纪80年代起才在社会学、青年学以及人类学等多个学科领域中取得显著进展。

从伦理学这一视角出发，代际伦理这一议题已经不是对传统伦理学的简单延伸，而是深入探讨了不同世代间复杂而微妙的伦理关系。代际伦理，作为社会伦理学中不可或缺的一环，其重要性在现代社会中愈发凸显。面对科技日新月异的挑战，代际伦理更是需要承担起引领和规范的责任。在这个过程中，必须始终坚守道义与功利的平衡，确保在追求科技进步的同时，不忽视伦理道德的底线。同时，和谐与整体的融合也是代际伦理所追求的重要目标，需要在保障个体权益的同时，实现社会的和谐稳定发展。尽管目前代际伦理的研究尚未形成完整的理论体系，但这并不影响其在实践中的指导意义。代际伦理的概念和原则，为我们理解和处理人与人、人工智能、教育以及社会之间的伦理关系提供了宝贵的思路。因此，在探讨人工智能在教育领域的应用时，不可避免地要考虑到其所处的社会大环境所带来的作用与影响。在这样的背景下，代际伦理的内涵和基本原则对于研究社会关系间的伦理挑战和潜在风险，无疑具有不可忽视的参考价值。

（二）转变社会就业市场和人才培养方向

随着雇佣劳动逐渐主导劳动力市场，教育也紧跟科技革命的浪潮，源源不断地为国家输送着工业和技术领域的优秀人才。然而，必须正视当前AI技术的迅猛发展所带来的挑战。这种技术革命已经让许多低技能岗位开始呈现出明显的机械化趋势，人类工作的许多方面正面临着被机器取代的风险。但是，回顾历史，不难发现，尽管工业革命带来了巨大的社会变革，但社会并未因此陷入动荡，反而通过就业市场和人才培养策略的及时调整，实现了平稳过渡。在智能时代，教育领域同样面临着职业危机，尤其是教师这一职业。然而，只要我们能够敏锐地应对技术革命，准确地预测哪些工作可能会被机器取代，就能够制定出符合就业市场变化的人才培养方案，从而规避风险，维护社会的和谐稳定。教育不仅是传授知识，更是培养人的综合素质，以适应不断变化的未来。

第二节 人工智能教育应用的展望

一、人工智能在教育治理中的应用逻辑和路径选择

（一）人工智能在教育治理中的应用逻辑

随着智能化浪潮的到来，人工智能技术在国家治理现代化进程中愈发占据举足轻重的地位，尤其在教育治理方面，其已然成为一柄不可或缺的智慧利刃。确切地说，人工智能技术的融入极大地丰富了教育治理的技术内涵，使其在面对教育领域的复杂挑战时，展现出前所未有的应对实力。这种融合并非技术与治理的简单堆砌，更是基于深思熟虑的战略布局和精准的应用逻辑。人工智能在教育治理中的运用，正是基于对教育现代化发展的深刻理解和前瞻规划，从而实现了技术与治理的深度融合，共同推动教育事业的蓬勃发展。

1. 权力逻辑

在教育治理中，算法正以其独特的魅力塑造着全新的权力格局。作为人工智能的核心，算法不仅承载着特定的计算逻辑和规则，更是为权力赋予了前所未有的维度和形态，称之为"算法权力"。在教育治理的实践中，这一权力形式得以淋漓尽致地展现。通过深度分析和精准控制流入的数据、时间和信息，算法能够自主生成治理的决策，为教育治理提供了强有力的技术支持。值得注意的是，人工智能不仅在教育治理中嵌入了算法，更通过技术赋权的方式，将治理权力扩展

至更为广泛的治理主体。这种技术赋权打破了传统的行政边界，将原本分散的治理权力有效整合，形成了一个更为高效、协同的治理网络。同时，这一变革也吸引了众多以新技术从业者为代表的新兴治理主体，他们与传统治理主体共同构成了教育治理的共享权力体系。算法权力的崛起和技术赋权的实施，对教育治理的权力结构产生了深远的影响。它使治理权力不再局限于传统的治理主体，而是更加多元、开放和包容。这种变革不仅丰富了教育的权力形式和类型，也为教育治理注入了新的活力。在此基础上，有望建立一个基于技术权力的治理权威，为教育治理的未来发展奠定坚实的基础。

2. 算法逻辑

在智能时代中，数据驱动与算法决策在政经以及社会等多领域崭露头角，甚至在某些方面占据了核心地位，这标志着算法已成为一股不可忽视的现代力量。人工智能凭借其独特的计算逻辑和算法机制，展现出了卓越的数据洞察力和决策自主性，进而在教育治理的舞台上扮演着日益重要的角色。作为社会治理的新兴基石，人工智能通过数据和算法表现出一种新型的算法影响力。作为一种技术性的影响力，它已深入渗透到教育的权力结构中，对教育权力的分配和结构产生了深远影响。在当前的教育治理领域，人工智能技术的广泛应用正成为一股不可忽视的推动力。这种技术的引入，不仅极大地提升了治理效率，更在推动政府向"智慧政府"的转型中起到了关键作用。作为一位具备前瞻性和执行力的管理者，必须进一步强化技术的核心特征和算法的深度关联，以确保教育治理的科学性和精准性。具体来说，人工智能技术通过其强大的数据分析和处理能力，能够更加清晰地看到教育治理的各个环节和要素，从而形成一个有机的整体。

3. 信息逻辑

随着科技的进步，人工智能技术为我们构建一个数字化管理框架，将治理信息全面数字化，构建出基于大数据的治理"画像"。这个"画像"可以实时、动态地认知治理的每个环节，为决策提供精准的数据支持。更为重要的是，人工智能技术能够精准控制数据流、时间流和信息流，打破信息孤岛，实现信息的共享和互通。这不仅提升了治理的精确性和科学性，还能更加及时、准确地把握治理的脉搏，为教育治理的健康发展提供强有力的保障。

4. 伦理逻辑

在科技的浪潮中，人工智能已无所不在，它成为这个时代不可或缺的驱动力。值得注意的是，人工智能赖以运作的算法逻辑与根深蒂固的人类道德伦理和公共行政准则之间存在着明显的差异。这种差异的核心在于，人工智能的行为是严格遵循预设的算法规则和计算逻辑的，而人类的伦理观念则深深植根于人类的价值观和社会规范之中。为了缩小这一差距，就需要在人工智能的设计和应用中融入更为丰富的价值考量，如正义、自由、平等等核心原则。这样，人工智能的算法逻辑便能在与人类伦理相契合的框架内运行，从而更好地服务于人类社会。算法伦理的引入为教育治理实践带来了全新的机遇。通过预设的计算逻辑和算法规则，人工智能能够协助我们进行更为精准的价值判断，并据此生成治理决策。进一步而言，赋予人工智能以平等、公正的算法逻辑，将使其在教育治理中扮演更加积极的角色。人工智能可以深度参与治理实践，协助处理治理过程中遇到的各类问题，并基于数据和算法制定更为科学和合理的治理政策。在数字时代的大背景下，人工智能技术的运用还有助于优化教育的治理空间结构。它有助于打破行政和行业的壁垒，促进治理资源的均衡配置，从而提高教育资源的利用效率，推动教育公平的发展。

（二）人工智能时代教育治理的路径选择

在人工智能蓬勃发展的当下，教育治理正迎来一场颠覆性的革新。这一变革是教育与科技深度融合的自然产物，人们正通过数据的引领、技术的深度运用以及跨界的创新，推动教育治理走向智能化的新时代。为加速智能教育治理的步伐，人们正专注于构建一个智能化的教育管理生态系统，其不仅涵盖教育管理的各个层面，如决策、服务、资源分配等，还致力于数据的整合与安全保护。通过明确数据产权，提升信息化管理水平，能够充分利用大数据、云计算、AI等前沿技术，深度挖掘数据的价值，为教育治理提供更为精准、高效的数据支持。同时，借助区块链技术重塑教育信任体系，优化业务流程，推动教育决策向智能化、精准化转型。这项变革不仅提高了教育治理的效率，还实现了教育服务的个性化、定制化，更好地满足了学生的多样化需求。为实现人工智能时代教育治理的最佳效能，就需要积极推动政策环境的创新，变革传统的组织架构，完善法律法规体系。此外，还要积极探索融合创新的育人模式，形成多元主体共同参与的治理格局，推动教育治理向更高层次、更广领域发展。在未来，教育治理必将在人工智能的助力下，实现质的飞跃。

1. 强化智能治理顶层设计

针对当前人工智能时代的教育治理挑战，必须果断采取行动，构建一套全新的治理规则。这不仅需要强化顶层设计与战略导向，更需要制定一系列智能教育产业政策，以提供制度层面的坚实保障。教育政策作为资源分配的重要纲领，它承载着协调各方利益、满足社会诉求的重任，更是推动教育现代化、智能化的关键所在。深化智能治理，首要任务是加强顶层制度设计。这不仅是为了确保政策方向的正确性，更是为了提高治理效率，确保行动能够高效、有序地进行。一方面，国家和地方政府已经在这方面迈出了坚实的步伐，构建了多层次的大数据发展战略，完善了相关的产业政策，为智能教育的发展营造了良好的宏观环境。同时，政策的制定也不能只停留在宏观层面，必须深入各个细分应用领域，强调技术与教育的深度融合，形成一套多层次、全方位的政策体系。这样才能确保政策真正落地生根，为智能教育的发展提供坚实的支撑。另一方面，在全球范围内，各国都在积极推进 AI 战略规划。美国追求全面领先，德国致力于打造国家品牌，英国推动产业创新。这些政策既优化了 AI 和大数据产业的发展环境，也为我们提供了宝贵的借鉴经验，我们可以从中学习，结合我国的实际情况，制定出更加符合我国教育治理智能化发展需要的政策。在国家与产业政策的支持下，我们要充分发挥教育治理主体的主观能动性，要稳步推进智能化治理，构建一个高效、智能、公平的教育生态系统。这不仅需要政策支持，更需要一个完善的制度保障。只有这样我国才能真正迎来人工智能时代的教育治理新篇章。

2. 变革教育治理组织结构

在当今智能化浪潮席卷全球的背景下，社会力量参与监督教育治理已经不再是选择，而是必然的趋势。面对传统教育管理模式的冗长低效以及快速变化的市场环境带来的种种挑战，我们必须积极探索并构建全新的治理模式。智能时代的来临，为教育组织带来了前所未有的变革机遇，区块链技术则是实现这一变革的重要工具。利用区块链技术，可以实现教育数据的共享，降低数据获取的成本，进而提升整个教育组织的运作效能。随着大数据技术的广泛应用，科层组织中的行政特征逐渐淡化，管理者与被管理者之间的关系也趋向平等。这意味着需要打破传统的层级结构，实现组织的扁平化，同时提高组织的专业化水平，以适应快速变化的市场环境。在教育治理体系智能化的过程中，必须遵循一定的原则来推动组织结构的变革。首先，要采用市场契约化的方式，加强内部各部门之间的合作，实现资源的优化配置。其次，可以利用社交契约的方式，重塑合作伙伴之间的关系，促进数据共享，提升治理效率。最后，还需要建立适应性激励机制，激发参与者的积极性，提高治理体系的灵活性和适应性。

在教育治理领域，可以采取一种"高风险、高回报"的策略，积极寻求那些具备市场敏锐度和生产组织智慧的人才，邀请他们加入治理团队。这些专业人士将在推动扁平化管理架构转型中，担任至关重要的监督角色，确保教育治理的每一环节都能高效、有序地推进。通过这种方式，旨在构建一个充满活力、具备前瞻性的教育治理体系。

3. 形成多元协同治理格局

《中国教育现代化2035》提出"形成全社会共同参与的教育治理新格局"的战略任务，即构建社会、政府、学校多方共同参与教育治理的制度保障，实现教育治理现代化。可以看出，政府主导的一元管理模式逐渐转向多元主体协同治理的格局，自上而下的行政命令转变为平行、双向、协商的沟通模式。所谓协同治理，即最大限度地统筹公共资源以及社会各积极因素来应对公共问题，通过协调、协商、协作、协同等方式，整合政府、社会组织、市场主体与公民在社会事务治理以及公共服务供给中的力量，为社会与公民提供良好的公共产品与服务。在智能技术强有力的推动下，教育治理的各方必须展现出高度的平等协作精神，以确保数据资源的全面共享，从而最大化教育资源的利用效率，为教育的长远发展奠定坚实基础。一方面，政府作为教育治理的主导力量，必须敏锐地审视智能技术的发展趋势，积极优化治理架构，使其更适应智能时代的需求。同时，学校作为教育的主要场所，也应紧跟时代步伐，构建现代化的管理体系，完善治理结构，并充分利用大数据等智能技术提升教学质量，确保学生在新时代能够获得更好的教育体验。此外，我们需要构建多维评价体系和终身教育体系，以适应智能时代对人才培养的新要求。这需要我们不断探索新的教育方法和途径，为人才培养提供更为广阔的舞台。同时，还应积极探索智能时代人才培养的新路径，为国家的未来发展培养更多具有创新精神和实践能力的人才。在这个过程中，社会力量的积极参与同样至关重要，他们可以充分利用智能技术，为社会力量提供客观评价和监督教育治理的机会，确保教育治理的公正性和透明度，共同推动教育治理的现代化进程。另一方面，多元化治理的各方应积极推动智能化技术的运用与升级。我们应当科学地运用智能工具来收集与整合庞大的数据资源，迅速进行统计与解析，并推动信息的共享与流通。通过这样的方式，能够基于数据结果及时识别问题，并制定相应的解决策略，从而使整个治理流程变得更加清晰透明。

4. 探索融合创新育人模式

智能时代的教育展现出多元化、民主化、去中心化及去中介化的显著特征。新兴技术，如区块链，正在重塑传统的教育框架，构筑出一个开放且在线的数据互通平台。这推动着教育机构朝向集群化方向演变，教育资源得到更为均衡的分配，信息传递的成本也大幅下降，从而引发了学校教育模式的深刻变革。人工智能技术的飞速发展，不仅为教育领域注入了新的活力，还为农业、能源、国防等诸多领域提供了广阔的拓展空间。据全球范围内的预测评估，预计到2030年，约有30%的工作任务有望实现自动化，这一趋势可能会对全球高达3.75亿的劳动者产生影响。与此同时，对具备人类特有的创造力、社会情感智慧以及出色人际互动能力的高技能工作岗位的需求将持续增长。这些岗位将要求人们不仅具备专业知识，还需要拥有创新思维、情感理解力和人际交往技巧，以适应未来社会的多元挑战。在现今就业市场人才渴求的迅猛态势下，应秉持共同双赢的精神，积极探索和塑造适应智能时代交融发展的育人新模式。首要之务在于政府层面的引领，通过制定具有前瞻性的教育政策，推动人工智能技术与教育的深度融合，以提供更加精确、个性化和灵活的教育服务，满足各产业对人才的需求。与此同时，在推动人工智能教育全面普及的征途上，社会各界的企业无疑扮演着举足轻重的角色。大家需携手共进，共同构建一个多层次、全方位的人工智能教育体系。这就要求各方不仅要精心策划智能教育平台的搭建，更要打造一个集智能化、可视化于一体的教育教学数据体系，能够助力教师队伍向更加专业化的方向发展，提升他们的信息技术应用水平，更能通过创新教育评价的方式，实现教育教学的科学决策。同时，它还能优化教育资源的配置，使教育管理更加精准高效。此外，学校无疑是孕育人才的重要基地，务必要深化对人工智能教育学科前沿的探索与研究，并且尽快融入和赶超国内外智能教育领域人才培养的最新潮流，积极与智能技术研究院所、行业领先的AI企业携手合作，以共同构建"产学研"紧密结合的智能教育技术创新平台。在这一过程中，还需要持续整合学科资源和研究团队，深入探讨智能教育的战略规划、标准体系的构建及其执行路径，从而为塑造能够适应未来社会变革的卓越人才奠定坚实的基础。

5. 完善机制化减风险

当前，地方政府与行业管理机构的多样性导致了治理功能的碎片化，这一问题进而造成了信息的不连贯与数据共享的难题。这里必须明确，信息作为国家行动的核心，其完整性和准确性对治理效果起着决定性的作用。因此，在教育治理的过程中，绝对不能忽视准确、全面、及时的信息支持的重要性。在这个背景下，人工智能技术的崛起提供了新的解决思路。凭借其先进的数据收集与整合技术，人工智能能够有效地整合碎片化的信息，从而降低治理风险，提升治理效率。为此，在教育治理中，应积极构建信息共享机制，打破信息壁垒，提升治理信息的流动性和共享能力。这将帮助治理主体更精准地把握政策方向，更合理地配置资源，更准确地满足公共服务需求，从而制定出更为有效治理策略。通过多方的共同努力，一定能够构建一个更为高效、公正、透明的教育治理生态。

6. 推动教育协同治理

在城市化进程加速的今天，教育治理面临着城市主体日益多样化和行政边界碎片化的挑战，这对教育治理来说无疑是一个巨大的考验。作为一位有远见和决断力的领导者，必须积极应对这一挑战，推动地方政府与多元治理主体进行深入的协同治理，构建完善的治理体系，并不断提升治理主体的能力。首先，需要构建一个紧密相连、相互协调的制度框架，这是协同治理体系能够顺畅运行的基础。在这个框架中，治理主体要明确自己的职责和角色，形成合力，共同推动教育治理工作的顺利进行。其次，提升政府、社会组织等治理主体的协同治理能力至关重要。需要通过培训、交流等方式，不断提高治理主体的专业素养和协作能力，确保他们能够在教育治理中发挥更大的作用。然而，在教育治理过程中，可能会遇到很多问题。为了解决这些问题，就需要借助人工智能这一强大的工具。通过算法和数据的结合，可以分析治理数据，自主生成决策，从而削弱协同合作中的障碍，强化数据之间的关联。人工智能不仅可以提供充分、准确的治理信息，还可以帮助我们实时关注动态数据，及时应对各种瞬时性、突发性、常态性问题。例如，在流行病毒或公共安全事件发生时，人工智能可以迅速分析数据，提供决策支持，帮助我们提高治理的准确性和精细化水平。更重要的是，我们可以借助人工智能的算法优势，构建数据化治理框架。通过智能化监控、处理教育资源配置、服务供给、教师成长、设施建设等问题，还可以推动治理合理化、精准化、及时化、技术化，从而实现教育协同治理的目标。

7. 实现治理资源均衡配置

随着城市经济繁荣程度的差异、城市治理效能的高低以及资源分配策略和供给意愿的波动，教育在各地市间以及同一城市内不同管理区域中，治理资源的配置呈现出了不均衡的现象，这对教育整体治理效能的提升以及社会公正与公平的实现构成了显著的阻碍。这种不均衡必须受到重视，以期通过有效的策略来改善和优化资源的分配，从而促进教育的均衡发展和社会的全面进步。

在人工智能的领域中，算法的基本结构是"逻辑＋控制"在人工智能的运作过程中，逻辑的严密性被视为至高无上的原则，而这种严密性则是通过精心设计的调控策略得以实现。同时，人工智能始终追求行为方式的简化与结果的最优化，它倾向于选择那些路径损耗最小、执行最为便捷且收益最为显著的方案。值得注意的是，尽管人工智能在追求效率与优化的道路上，较少受到传统人类价值规范如道德伦理、公平自由等的直接束缚，也较少受到政治或经济因素的直接影响，但这并不意味着人工智能的运作完全无视社会伦理的考量。实际上，随着人工智能在教育治理领域的深入应用，它正在塑造一种全新的技术伦理，这种技术伦理有助于平衡和削弱政治伦理的功利性与市场伦理的逐利性。在教育治理的舞台上，人工智能的参与不仅推动了治理资源的合理分配，还在一定程度上防止了社会资源因政治、市场因素而导致的过度集中。在这一过程中，技术伦理的引入极大地丰富了教育治理的伦理体系，促进了社会资源的均衡分布。因此，当利用人工智能技术进行教育治理资源的分配时，将公平、正义、平等等人类伦理价值赋予人工智能，并塑造其人格化的伦理价值，是应对教育治理中公共伦理难题的一个有力途径。这样的做法不仅有助于克服教育治理资源配置的不均衡问题，还能确保人工智能在参与教育治理时，始终遵循人类社会的道德规范和伦理原则。通过这种方法，可以更好地利用人工智能技术的优势，推动教育治理的公平、公正和高效。

在教育管理领域中巧妙借助人工智能的先进技术，成功实现治理资源的供需数字化管理，进而搭建起一套别具一格的数字化治理资源分配框架，不仅深入治理环境的各个角落，还积极参与治理流程，实时捕捉并解析来自不同治理环境的具体资源需求数据。基于这些详尽的数字化信息，加之运用先进的算法技术，精准地生成资源分配方案。这些方案随后被精准地传达给政府等治理资源的持有者和供应者，为他们在教育治理资源的分配上提供有力的决策依据。从更宏观的视角来看，这种基于算法的资源分配优化策略，有效降低了地理位置和经济因素的制约，极大地提高了治理资源在地域间的流动性。它有效地规避了治理资源的不合理分配问题，确保了资源的相对均衡分布，从而进一步推动了社会的公平与正义。

综上所述，不难发现，人工智能的崛起为这一领域开辟了新的技术途径。使我们能够借助其强大的数据分析和处理能力，对教育治理过程中的各个环节进行精准把控。这不仅有助于及时发现和解决教育治理中的难题，还能提高治理效率，降低治理成本。同时，人工智能的智能化决策支持功能，也为教育治理提供了更为科学、合理的决策依据，进一步提升了治理的科学性和有效性。

二、人工智能在教育风险规避中的应用展望

（一）加快理论建设步伐

在探讨人工智能教育的伦理建设时，其核心目标在于预防和解决这一领域已浮现或潜在的伦理难题，以加强和完善现代人工智能教育的道德基石。为了实现这一目标，首要任务在于推动人工智能教育伦理理论体系的迅速构建，同时借助跨学科的理论创新为这一体系提供坚实支撑。人类的任何实践活动都离不开科学理论的指导，因此，人工智能教育的伦理实践同样需要建立在与之紧密相联的理论框架之上。

1. 人工智能教育理论的完善

在探讨如何规避 AI 教育伦理风险这一重要议题时，必须以深刻且全面的视角来理解 AI 技术。这不仅是一个技术问题，更是一个涉及伦理、道德和教育的多维度挑战。为了有效应对这一挑战，必须构建一个全面且前沿的教育理论框架，以此来指引相应的教育实践。目前，AI 理论体系正在逐步成熟，其提供了坚实的理论基础。从学科建设的角度来看，推动 AI 教育伦理的发展具有深远的现实意义。我们需要搭建一个能够涵盖人类与机器学习教育的理论框架，即以人工智能科学和教育学为基础，以人类学习、人类教育、类人（机器）学习和类人（机器）教育为人工智能与教育融合的四大研究内容，不仅要关注 AI 技术的最新进展，更要关注其在教育实践中的应用。同时，还需要关注前沿的理论研究和应用进展，以确保教育理论框架始终站在时代的前沿。为了实现这一目标，就需要鼓励跨学科的参与。AI 教育伦理不仅是一个技术问题，更是一个涉及心理学、社会学、哲学等多个学科的问题。这就需要汇聚各领域的专家，共同研究和探讨，以形成更

加全面和深入的理论体系。此外，应积极响应国家的相关政策，增加 AI 教育平台的建设和投入。例如，增设相关的学院、专业、课程等，并通过这些平台为更多的学生提供接触和学习 AI 的机会，也可以促进人才之间的交流与合作。

2. 人工智能教育伦理的建构

在当前的智能时代浪潮中，构建一套全面、系统的人工智能教育伦理规范，无疑是教育领域面临的一项重大任务。首先，必须认识到，人工智能教育理论的研究与完善是构建伦理规范的基础。这需要从多个角度、多个层面进行探索，确保理论体系的全面性和前瞻性。其次，教育者和学习者作为教育的主体，必须树立并坚守伦理观念，将伦理准则融入日常的教学和学习中。然而，也必须清醒地看到，尽管人工智能伦理体系在近年来得到了快速发展，但教育伦理作为这一领域的新兴分支，其理论体系仍然处于不成熟的状态。因此，需要进一步加强人工智能教育理论的研究，尤其是那些与伦理相关的部分，为人工智能教育伦理的建设提供坚实的理论支撑。在当前阶段，尽管尚未形成一套完整的人工智能教育伦理规范，但这并不意味着不能有所作为。我们可以借鉴其他成熟领域的伦理理论，结合人工智能教育的特点，形成一套初步的、具有指导意义的实践准则。这将有助于我们在实际教学中避免人工智能的滥用和误用，确保其在教育领域的积极作用得到充分发挥。展望未来，随着人工智能技术的不断发展和应用，一定会看到更多的专业政策与法律规范出台，为人工智能教育伦理提供明确的指导和规范。这些规范将成为教育者、工作者和学习者在人工智能教育中的行为典范，引导我们在智能时代坚守伦理底线，推动人工智能教育向善发展。在智能科技蓬勃发展的今天，深化人工智能教育领域的理论研究与学科建设，并同步构建健全的伦理框架，已成为一项至关重要的任务。随着相关理论体系的日臻完善，有望更加精准地利用人工智能技术，为教育领域带来革命性的变革。同时，这也将引领智能教育及教育信息化向更加全面、以道德伦理为导向的教育现代化目标稳步迈进，共同构建更加和谐、可持续的教育生态。

3. 交叉学科的理论创新

在智能化浪潮与教育现代化的交汇点上，伦理学及其交叉学科——教育伦理学和技术伦理学，正面临着前所未有的发展机遇与挑战。作为拥有深厚哲学底蕴的伦理学，及其派生出的教育伦理学和技术伦理学，虽然已有相对完善的理论体系与架构，但为了适应这一飞速发展的时代，它们也亟待进行自我革新与升级。在发展的道路上，这些学科必须坚守伦理学的核心价值——追求至善，作为它们不变的初心。同时，它们还需敏锐地捕捉到人工智能教育中涌现出的新问题与新风险，前瞻性地进行深入探究。从应然与实然的角度，以及抑恶与扬善的立场出发，探寻切实可行的解决之道，以化解人工智能教育领域中出现的伦理难题，确保教育始终以人为本，坚守立德树人的根本使命。

（二）促进 AI 与教育的深度融合

人工智能的发展在教育领域的渗透和融合却仍处在初级阶段。虽然我们已经见证了它在某些地区的初步应用和试验，但大规模、全面性的融入教育体系仍是一个待解的问题。面对未来人工智能在教育领域可能带来的未知风险和挑战，迫切需要一个更为成熟和包容的环境来支持其与教育的深度交融。为实现这一目标，加强国际的信息交流，共享人工智能与教育融合的最新成果和经验，成为我们不可或缺的策略。同时，需要积极鼓励社会各界的力量参与其中，共同推动这一变革的进程。

1. 创造优越的融合环境

在推动 AI 与教育的深度融合这一宏大议题中，创造一个优越的融合环境无疑是至关重要的。首先，必须明确，确保 AI 技术的成熟是要解决的问题。这不是一蹴而就的事情，需要全面考虑教育的内在规律、学生与教师的发展轨迹，确保 AI 技术能够与之无缝对接，相互促进。其次，必须正视数据和隐私的挑战。在这个数字化时代，数据是 AI 发展的核心驱动力，但数据的隐私性和安全性也是必须坚守的底线，需要整合教育资源，确保数据在流通中既能促进 AI 的发展，又能保障数据的安全。其中，数据更新、数据安全、数据鸿沟以及隐私保护，都是构建健康伦理环境不可或缺的关键要素。为了应对数据方面的挑战，就需要获取深入、真实、即时更新的教育大数据，并加大力度整合这些教育资源数据，这是解决数据问题的基石。同时，确保教师与学生的数据安全性，是我们隐私保护工作的重要一环。而推动地区间、不同机构组织间的数据交流，则是解决数据鸿沟的有效方式之一。最后，要确保教育资源的供给与 AI 的发展同步。AI 技术的优势在于其能够提供精准的教学和个性化的服务，而这正是满足学生个性化学习需求的关键。我们需要基于 AI 算法，不断优化教育资源，使其能够为学生提供更加精准、个性化的学习体验，从而推动教育的整体进步。

2. 加强国际技术交流与合作

在人工智能这一前沿领域，尽管目前尚处于"弱人工智能"的发展阶段，但其对于日常生活和教育领域的渗透与影响已经相当显著。放眼全球，各国对于人工智能的投资热情持续高涨，市场规模的扩张速度更是令人瞩目。据权威机构预测，到 2030 年，全球人工智能市场的规模将超过 16 万亿美元。面对如此巨大的市场潜力，各国也意识到了加强国际交流与合作的重要性。毕竟，人工智能技术的发展不仅涉及技术的突破和创新，更涉及知识产权、研究专利等一系列复杂的问题。只有通过国际合作，才能共享技术成果，共同培养人才，从而推动整个人工智能行业的健康发展。因此，需要在全球范围内加强技术交流与互补，共同推动人工智能技术的全面进步。同时，各国政府也应该出台相应的帮扶政策，为人工智能产业的发展提供有力支持。此外，需要进一步完善技术和知识产权制度，保护创新成果，激发创新活力。

3. 社会各方助力 AI 应用于教育

要实现 AI 与教育的深度融合，确保这一过程平稳而富有成效，就需要整个社会的广泛参与和共同努力。第一，政府应当发挥其引领和监管的作用，积极推动 AI 伦理法规的制定与实施，以确保在推动教育信息化的同时，保障教育资源的安全和隐私的保护。第二，政府还可以利用 AI 技术，对关键信息进行追踪和统计，如人口、经济、教育等方面的数据，为教育政策制定提供科学、准确的数据支持。教育部门作为教育的直接实施者，应当积极设计并推广 AI 相关课程，更新人才培养体系，以适应 AI 时代的需求。第三，教育部门还可以借助 AI 技术，对教育内容进行优化，使教育更加符合学生的实际需求，提高教育效率和质量。

学校作为教育的重要场所，学校领导应当充分利用 AI 技术，对学生的素质进行深度分析，为个性化教育提供数据支持。第四，学校还需要加强隐私保护，确保学生的个人信息不被泄露。在利用 AI 技术的同时，必须始终将隐私保护放在首位，确保学生的权益不受侵犯。家长作为孩子的第一任教师，也应当积极拥抱 AI 技术，参与孩子的教育过程。通过利用 AI 工具，家长可以更加精准地了解孩子的学习情况，为孩子的成长提供更有针对性的支持。第五，公众对于 AI 技术的认识也需要不断提高。我们应当通过多种渠道，普及 AI 知识，提高公众对 AI 技术的认识和理解，为 AI 与教育的深度融合营造健康的社会氛围。第六，AI 开发商作为技术的提供者，也应当在开发过程中充分考虑隐私保护的需求。与学校合作时，应确保数据安全和隐私保护，并为教育的信息化提供坚实的技术支持。

（三）推进 AI 应用于教育的伦理制度规范建设

法律作为规制行为的重要工具，具有普遍的约束力。在教育领域，人工智能的广泛运用亟须一套清晰、明确且被广泛认可的制度和规范来指导教育主体与人工智能的行为。伦理制度作为连接道德标准与法律规章的桥梁，其在教育与人工智能交融的领域中发挥着不可或缺的关键作用。法规制度的完善不仅确保了教育过程的公平性和公正性，也为人工智能在教育领域的应用提供了坚实的制度保障。

1. 建立 AI 教育的伦理制度体系

在深入讨论 AI 教育应用时，不能忽视伦理风险这一重要议题。为了确保 AI 教育的健康发展，评估其道德表现是至关重要的，因此，必须从两个核心方面入手，以确保教育的公正、合理和可持续性。首先，需要构建基于伦理的 AI 教育制度。这意味着在设计和实施 AI 教育制度时，必须将伦理因素纳入考虑，确保这些制度不仅技术上先进，更在道德上站得住脚。同时，必须关注学生的道德教育和人格培养，确保他们不仅具备科技能力，更具备高尚的品德和道德观念。其次，需要将教育伦理制度化。这意味着需要将教育伦理的原则转化为具体、可操作的制度规范，并将这些规范融入 AI 教育体系中。通过这种方式，我们可以实现刚性约束与良心自觉的结合，确保 AI 教育的每一个环节都符合伦理标准。在

AI教育立法的过程中，必须坚持以马克思主义科技观为指导，确保技术的发展始终服务于人类的福祉。在制定相关法规时，也必须以人类利益为出发点，明确事故权责，保护技术专利，同时合理界定人权与AI体权，以确保人机和谐共生。

2. 规范AI教育的技术伦理准则

除了明确人工智能教育明文的伦理制度，还需要切实可行的具体的原则规范为人工智能具体的教育实践给出具体的可操作性建议，即"有所为"和"有所不为"（表5-2-1、表5-2-2）。这些人工智能伦理文件虽出台于不同国家和机构，但是在某些方面都具有共同特点，包括隐私、数据、可解释性、透明与公开性、责任与问责、人权等方面，这就可以为人工智能的设计开发者和教育操作者提供一些参考。

第一，AI的应用要不遗余力地优化教育环境，提升教学条件，从而切实保障所有教育相关者的利益与福祉。这是确保教育公平、提高教育质量的基础。第二，对于设计师和开发者来说，他们必须秉持善良动机，将教育公平和公正放在首位，避免功利心影响产品的设计和开发。只有这样，才能确保人工智能教育产品真正为教育服务，而不是成为追求利益的工具。第三，公平正义原则是人工智能教育伦理的核心。必须确保师生在人工智能教育过程中得到公平对待，减少教育差距，让每一个孩子都有平等接受优质教育的机会。第四，重视人权和尊严，尊重教师的主体地位和学生的自主选择权。在人工智能教育过程中，教师和学生都是重要的参与者，他们的权益和尊严必须得到充分的保障。第五，关注自由自治原则。在设计和开发人工智能教育产品时，我们应避免强加价值观念和文化背景，尊重用户的自主权和选择权。只有这样，我们才能确保人工智能教育产品真正符合用户的需求和期望。第六，责任和问责是人工智能教育伦理不可或缺的一部分。我们必须确保教育过程中的机器决策和教师行为都是可追溯和问责的，以应对可能出现的问题和挑战。综上所述，这六个核心方面为人工智能教育提供了技术伦理的指导方向，确保其为教育提供的服务是积极、有益的。在未来，还应继续深化对人工智能教育伦理的研究和实践，以推动这一领域的持续健康发展。

表 5-2-1 各国人工智能报告及关键伦理要素

类别	出处	文件名称	伦理关键要素
国家	德国	德国工业 4.0 战略（2013）	安保战略、架构，社区建设，数据保护，责任，处理个人资料
	日本	超级智能社会 5.0（2016）	中心数据基地，实现"以人为中心"的社会，可持续和智慧城市（自治体），个人信息保护，测量幸福感
	美国	国家人工智能研究和发展战略规划（2016）	人工智能道德，道德伦理教育
		为人工智能的未来做好准备（2016）	公平、安全与治理，安全与控制，网络安全，人工智能的安全与可预测性
	英国	人工智能：未来决策制定的机遇和影响（2016）	伦理法律挑战，人工智能委员会，公众对话
	中国	新一代人工智能发展规划（2017）	人工智能伦理专委会，"三步走"战略
	俄罗斯	数字经济列入俄罗斯 2018—2025 年战略（2017）	信息基础设施建设，信息安全，预防计算机攻击，规范数据渠道
	法国	国家人工智能战略（2017）	数据安全，宣传、教育、培训，军事人工智能伦理

表 5-2-2 各组织人工智能报告及关键伦理要素

类别	出处	文件名称	伦理关键要素
组织	联合国教科文组织 & 世界科学知识与技术伦理委员会	关于机器人伦理的初步草案报告（2015）	人权，不伤害，问责，责任分担机制，安全，隐私保护，自主权，诚信尊严，机械伦理学，决策可追溯
	生命研究院	阿西洛马人工智能原则（2017）	安全性，价值归属，责任，个人隐私，自由与隐私，分享利益，人类控制，故障透明性，司法透明性
	电气与电子工程师协会	合伦理设计（第一版）（2016）	保护人类利益，问责，透明性，机器人的教育与意识
		合伦理设计（第二版）（2017）	人权，人类幸福感，问责，透明，技术滥用，数据隐私，算法偏见
	欧盟	可信赖的人工智能伦理准则（2019）	合法，道德，稳健，尊重人类自主，预防伤害，公平，可解释

续表

类别	出处	文件名称	伦理关键要素
组织	G20	G20人工智能原则（2019）	以人为本，可持续发展，透明度，可解释性，稳健性，安全性
	国家新一代人工智能治理专业委员会	新一代人工智能治理原则——发展负责任的人工智能（2019）	和谐友好，公平公正，包容共享，尊重隐私，安全可控，共担责任

3. 丰富多渠道的监管形式

随着技术的迅猛发展和人工智能的广泛应用，必须清醒地认识到建立健全的监管制度对于保障其健康服务的重要性。人工智能的高自主性和复杂性，带来了前所未有的风险和挑战，这就要求我们构建一个多元化、全方位的监管体系。首先，国家层面需要明确人工智能产品的标准和规范，引导研发方向，确保技术发展的方向符合社会公共利益。同时，必须建立严格的安全责任体系，明确厂商的责任和义务，确保产品的安全性。此外，还需要完善准入审批流程，对人工智能产品进行严格的审核和评估，确保其符合相关标准和规定。其次，各级部门需要密切关注人工智能的行为决策，以第三方检测数据和源代码为依据对人工智能产品实施动态监管。这需要我们利用先进的技术手段，对人工智能的运行进行实时监控和数据分析，预测其可能的行为和决策，及时发现和解决问题。同时，公众参与和监督也是至关重要的。政府应该积极鼓励公众参与人工智能的监管工作，提高公众对技术的信任度和满意度。最后，教育部门也应该积极参与监督，确保人工智能教育产品符合社会需求和教育规律，为学生提供优质的教育资源。

（四）增强人类主体责任意识

1. 培育使用主体信息素养

在当今社会，人工智能已经不再是遥不可及的科技概念，而是深度地融入我们的日常生活和教育体系之中。为了有效利用这些前沿技术，特别是教育者，都需要不断提升自身的信息素养和操作技能。在教育领域，不仅要强化人工智能知识的普及，让师生都对其有清晰的认识和了解，更要明确人工智能在教育中的定位，即作为提升教学效果和促进学生发展的有力工具。通过增强师生对人工智能的信任感，进一步推动其在教育中的广泛应用。然而，人工智能的引入并非一蹴而就，还需要深入思考其带来的深层影响。师生在熟练掌握使用技巧的同时，也要客观看待其利弊，谨慎处理人机关系。在享受人工智能带来的便利的同时，也要警惕其可能带来的问题和挑战。更重要的是，我们在使用人工智能的过程中，必须强调伦理道德的重要性。技术本身并无善恶之分，关键在于我们如何使用它。因此，要负责任地使用技术，确保其在教育中的正面作用得到充分发挥。对于未来的学生来说，他们天然地亲近AI，因为这将是他们成长的重要环境。然而，这也需要教师的引导和帮助。教师不仅要具备扎实的专业知识，还要提升"爱商""数商""信商"，以便更好地引导学生适应AI时代，培养高信息素养的未来人才。

2. 从人机共生到人机共教

在人工智能迅猛发展的浪潮中，其背后离不开互联网、大数据以及云计算等技术的支持。在这个由人工智能主导的新时代，人与机器如何和谐共存，已然成为一个备受瞩目的伦理议题。而如何在充分利用人工智能技术的同时，确保人类与教育不被其边缘化，正是我们面临的人、机器与教育共存问题的核心挑战。人工智能的发展虽为人类带来了诸多便利，但如何把握其使用的度，避免过度依赖或滥用，从而保障人类在教育领域的主体地位，是必须深思的问题。同时，需要探讨如何在人工智能的助力下，进一步优化教育环境，提升教育质量，实现人机协同，共同推动教育事业的进步。

"共生"一词是由德贝里在1879年首次提出的一项概念，泛指不同生物基于某种特定的联系在一起共存的一种生存状态或模式。这一理论与人工智能的结合则出现在1960年，由利克莱德提出"人机共生"（人与机器的合作互动、耦合）思想；在1975年由Arbib进一步从合作计算的角度进行了补充和发展；接着是达文波特对人机共生思想的系统化，在《人机共生》一书中，他指出人类不会被智能机器取代，相反人类会强化智能机器从而使机器能够作为一个合作伙伴而不是敌人来帮助人类完成工作。共生理论在如今的人工智能时代同样适用于教育，这是教育在人工智能时代的未来发展趋势。当前的时代是一个需要我们每一个人践行终身教育、终身学习理念的时代，人的学习与机器同样都需要教师的指导、时间和数据的积累，人类智能和人工智能在相互促进和优势互补的过程中能够实现一定程度上的发展和进化，以此为基础将实现各种智能技术的云集形成功能强大的智能技术体系，推动人类教育的技术进步与变革，从而有望实现智能机器和学习者从人机协同、人机混合到人机和谐共生的发展。

在和谐共生的人机关系中，教育领域的人机关系正迎来一场革命性的转变，即"人机共教"。在现今的弱人工智能时代，尽管见证了教师与机器共同在教学上发挥了作用，但二者的角色定位依然清晰，教师担任主导，机器则作为辅助。然而，展望未来，随着人工智能技术的日新月异，一旦迈入强人工智能的新纪元，人机共教的格局将呈现出全新的面貌。届时，教师与机器将不再是简单的主导与辅助关系，而是携手成为真正的合作伙伴。高度智能化的人工智能机器将展现出惊人的学习能力，它们不仅能模仿人类教师进行教学，更能发挥自身的独特优势，实现自主教学的目标。在这种模式下，教师和机器将各自发挥专长，共同为学生的知识传授贡献力量，实现真正的优势互补。更进一步，当人工智能的发展迈入超人工智能的巅峰时期，人机共教的模式将愈发成熟和明确。届时，机器将肩负起传授知识的重任，而教师则将专注于更为核心的任务——育人。他们将化身为学生成长道路上的专业心灵导师，致力于促进学生的自由全面发展，帮助他们实现自我价值。这样的转变将使教育更加贴近其本质——关注学生的全面发展和个性化需求，让教育真正回归其本土性和本体性。

参考文献

[1] 王理想. 人工智能时代教育新模式研究探析 [M]. 长春：吉林出版集团股份有限公司，2022.

[2] 陈宇，雷春. 人工智能在教育治理中的应用与发展 [M]. 武汉：华中科技大学出版社，2021.

[3] 张坤颖，李晓岩. 大数据环境下的人工智能教育应用 [M]. 北京：学苑出版社，2019.

[4] 刘鹏，孙元强. 人工智能应用技术基础 [M]. 西安：西安电子科学技术大学出版社，2020.

[5] 宝力高. 机器学习、人工智能及应用研究 [M]. 长春：吉林科学技术出版社，2021.

[6] 刘丽，鲁斌，李继荣，等. 人工智能原理及应用 [M]. 北京：北京邮电大学出版社，2023.

[7] 周俊，秦工，熊才高. 人工智能基础及应用 [M]. 武汉：华中科技大学出版社，2021.

[8] 袁强，张晓云，秦界. 人工智能技术基础及应用 [M]. 郑州：黄河水利出版社，2022.

[9] 钟跃崎. 人工智能技术原理与应用 [M]. 上海：东华大学出版社，2020.

[10] 冉婧. 人工智能原理与应用研究 [M]. 北京：北京工业大学出版社，2018.

[11] 董天崴，张峰，王爽，等. 基于人工智能技术的智慧教育应用综述 [J]. 电子技术，2023，52（12）：408-409.

[12] 李金臻, 夏金星, 江山. 人工智能教育应用失范审视及消解策略研究 [J]. 中国教育信息化, 2023, 29（12）: 26-33.

[13] 韩先镇, 王海成. 人工智能与教育: 伦理困境与应对路径探讨 [J]. 现代交际, 2023（12）: 44-52, 122.

[14] 杨笑冰, 曹庆仁. 我国教育人工智能的应用现状及推进策略 [J]. 中国现代教育装备, 2023（19）: 7-10

[15] 许向东. 人工智能教育应用的伦理困境与规避路径 [J]. 软件导刊, 2023, 22（9）: 243-247.

[16] 娄方园, 高振, 王娟. 教育人工智能应用场景及其理性审视 [J]. 数字教育, 2022, 8（3）: 26-33.

[17] 李炎君, 杨晨晓, 李铭. 人工智能在教育中的应用 [J]. 信息与电脑（理论版）, 2021, 33（10）: 229-230.

[18] 林巍. 大数据环境下人工智能技术在教育领域的应用探索 [J]. 中国多媒体与网络教学学报（上旬刊）, 2020（6）: 14-15.

[19] 曾辉. 人工智能技术在教育领域的应用 [J]. 电子技术与软件工程, 2019（19）: 241-242.

[20] 张仁敏. 人工智能视域下机器学习的教育应用与创新探索 [J]. 数字通信世界, 2019（10）: 273.

[21] 王素月. 人工智能教育应用背景下教师教学伦理研究 [D]. 重庆: 西南大学, 2021.

[22] 张坤虹. 人工智能教育应用伦理问题初探 [D]. 昆明: 云南师范大学, 2023.

[23] 杨丹. 人工智能教育应用的伦理风险及其规制研究 [D]. 南京: 南京师范大学, 2021.

[24] 弋佳琪. 人工智能赋能教与学的应用工具智能推荐系统的设计与实现 [D]. 北京: 中央民族大学, 2023.

[25] 姚耀. 人工智能关键技术的教学应用研究 [D]. 长沙: 湖南大学, 2020.

[26] 贾桢. 人工智能发展的伦理审视 [D]. 北京: 北京邮电大学, 2019.

[27] 张梦丽. 人工智能时代人机协同教学模式构建与实践研究 [D]. 金华：浙江师范大学，2023.

[28] 王亚男. 人工智能赋能因材施教的实施路径研究 [D]. 黄石：湖北师范大学，2023.

[29] 黄洁玲. 基于STEAM教育理念的初中人工智能课程教学设计研究 [D]. 广州：广州大学，2022.

[30] 丁紫钺. 人工智能时代的高等教育变革研究 [D]. 南京：南京邮电大学，2020.